拐点

SEEING AROUND CORNERS

［美］丽塔·麦格拉思　著

Rita McGrath

罗祥　译

中信出版集团 | 北京

图书在版编目（CIP）数据

拐点 /（美）丽塔 · 麦格拉思著；罗祥译 . -- 北京：中信出版社，2021.4

书名原文：Seeing Around Corners

ISBN 978-7-5217-2182-9

Ⅰ . ①拐… Ⅱ . ①丽… ②罗… Ⅲ . ①企业管理—商业模式—研究 Ⅳ . ① F272

中国版本图书馆 CIP 数据核字（2020）第 178649 号

拐 点

著　　者：［美］丽塔 · 麦格拉思
译　　者：罗　祥
出版发行：中信出版集团股份有限公司
（北京市朝阳区惠新东街甲 4 号富盛大厦 2 座　邮编　100029）
承 印 者：三河市科茂嘉荣印务有限公司

开　　本：880mm × 1230mm　1/32　　印　　张：10.75　　字　　数：269 千字
版　　次：2021 年 4 月第 1 版　　印　　次：2021 年 4 月第 1 次印刷
京权图字：01-2020-0818
书　　号：ISBN 978-7-5217-2182-9
定　　价：65.00 元

在与我母亲黑尔厄–莲妮·冈瑟上次的对话中，她十分努力地表明了对自己特别重要的事情：“我以你为傲。”

这本不该那么重要，但实则重要，而且很重要。

她并不普通。她是一位科学家，这在当时并不多见。她完成了一项开创性的研究，并被引用了数十年。她是我们家的核心和灵魂。

我想把她的想法传承下去。

致我的女儿安妮，以及和她一起成长的了不起的女性：我以你们为傲。

目 录

序　言

尽管现在可能很难记起，曾几何时，还没有人谈论颠覆。那时，只有少数人对创新这个话题感兴趣。人们对数字化转型的后果还没有清晰的认识。这就是30年前我们生活的世界。

然而，即使在那时，我们中的一些人也清楚地看到了早期的预警。20世纪80年代末，丽塔·麦格拉思和我都在攻读博士学位。当时，她在沃顿商学院，我在哈佛商学院。我们俩都直觉地意识到，当时商业成功的理论所基于的假设即将面临重大的挑战。我的主要观点是，对“良好管理”的假设将导致企业灾难，因为领导者将面临我后来称为“创新者的窘境”的局面。她的主要看法是，把高度不确定的项目当作普通的业务来处理是极其危险的。这两个想法都发表在1995年的《哈佛商业评论》上。

我们在挑战传统观念。事实上，我们至今仍然在挑战传统。

这种传统观念基于一种假设，然而在当今的竞争环境中，这种假设根本就不成立。例如，传统观念认为，市场份额大是好事。我和丽塔·麦格拉思会问：“市场份额是什么意思？”“工业”这个概念本身就是一种人为的分类。通常情况下，任何企业面临的最重要的竞争，都来自那些不会被“行业”假设而限制其预期的人。解决这个问题可能是具有挑战性的，但可以通过一个有用的理论来进行战略引导。这个理论可以解释“什么导致了事情的发生”以及“为什么会这样”。

“理论”和“理论的”这两个词语常常意味着“不切实际的”。但是理论是对因果关系的陈述，即什么行为产生什么结果，为什么会产生这种结果。因此，一个好的理论是完全实用的。管理者制订计划或采取行动，都是基于他们会得到预期结果的信念。因此，管理者是理论的贪婪消费者。我们越了解事情发生的原因，就越能帮助管理者理解：在这种情况下，你应该这样做，但在那种情况下，你应该那样做。这些因果关系为我们提供了清晰性和可预测性，否则这看起来就像是一场碰运气的游戏。

研究任何有用的理论，第一步都是进行正确的分类。在之前的工作中，我意识到在试图预测购买行为时，产品或人口细分是错误的分类。正如彼得·德鲁克的名言：“客户很少会购买公司认为是在卖给他的东西。”这让我发现了“工作是要做的”这一理论，它认为人们购买产品和服务是因为他们想在生活中取得进步。一旦人们意识到他们有工作要做，他们就会主动去购买或放弃一个产品来完成工作。

丽塔·麦格拉思在这项研究的基础上，提出了一个新的分类方法，该方法打破了几十年来传统的战略思维（即你在一个行业中的位置决定你的命运）。丽塔·麦格拉思认为，应该从一个领域而不是从一个行业的角度思考，这意味着市场不再由产品类别来定义，而是由人们在生活中努力完成的工作来定义。这为管理者提供了一个更强大的分类方法，从而帮助他们应对颠覆性的变化。

然后，她又进一步阐明了成功的创新的内容和实现方法。她的发现驱动计划理论能够帮助管理者发现未来趋势，同时控制风险。我一直相信这个理论。它是我在哈佛商学院的必读课程，并在创见研究所的战略咨询工作中广泛运用。

创新并不一定是一件非要付出艰辛努力的事情。尽管颠覆性的变化随时可能出现，但管理者在规划时不必盲目。“环顾四周去发现拐点”会帮助我们更好地理解（甚至预测）创新将给我们带来什么。

克莱顿·M. 克里斯坦森
2019 年春

导　言

几年前，安迪·格鲁夫在他的里程碑式著作《只有偏执狂才能生存》中引入了战略拐点的概念。他认为：“战略拐点是商业活动中的一个时间点，许多重大的改变即将发生[1]。”这就是我们中的许多人所经历的转折点——那些不可逆转地改变我们一生的重要时刻。

当你审视战略拐点的实质时，你会看到一个不同的故事。正如海明威在小说《太阳照常升起》中描写的迈克·坎贝尔，当人们问他为何破产时，他回答道：“刚开始时是慢慢地，而发生却是一瞬间。”

拐点是商业环境的变化，它会极大地改变人们的某些活动，让某些理所当然的假设受到质疑。有些人也许能在某个地方看到暗示，但他们常常察觉不了。你可能就是如此！

本书将帮助你了解战略拐点带来的机会，并帮助你、你的团队和你的组织利用这些机会。下面是三个主要观点。

·我们所经历的巨大而富有戏剧性的拐点往往都经过了

长时间酝酿。

- 拐点即机会，早点看到或者更好地看到，便能得到战略利好。
- 可以使用发现驱动型增长手册[2]中的工具来最大化你的机会。

下面是一个具体的例子。

假设一个行业只为1/5的潜在客户提供有效服务。设想一下，一个巨大的变化可以让竞争对手以一种高利润的方式获得所有未满足的需求，并且不会承担很多风险。假设该行业的年收入约为80亿美元。一旦拐点发生，该行业的规模就可能是上述规模的5倍。这意味着，那些目光敏锐、有远见卓识的竞争对手可能获得约400亿美元的收入。

尽管人们称拐点为现有从业者的摧毁者，但它们在摧毁过时的技术和模型的同时，也创造了巨大的新蓝海。几十年前，著名经济学家约瑟夫·熊彼特说过，一个行业的现有从业者总是容易受到创造性破坏浪潮[3]的冲击，这些浪潮将旧的、过时的东西一扫而空，取而代之的是新的、更受欢迎的东西。

你现在能听见我说话吗？

我所描述的行业实际上是存在的。它就是制造、开处方和安装助听器这一行业。从确保需要帮助的人得到帮助的标准来看，这个行业做得很糟糕。研究人员称，在55~74岁的可能从助听器中受益的成年人中，有80%没有使用助听器，而且很多购买了助听器的人也没有使用助听器。那些劝说自己关心的老年人接受听力帮助的人，对助听器市场的负面现状再熟悉不过了。

首先，助听器很贵。2017年，《纽约时报》报道，单只助听器的价格从1 500美元到2 000美元不等，甚至更高。助听器也不在医疗保险范围内。美国听力障碍协会执行理事芭芭拉·凯利说："我们每天接到最多的投诉便是，'我需要帮助，我买不起助听器[4]'。"

其次，传统的助听器业务由FDA（美国食品药品监督管理局）监管，相关核心技术完全被现有从业者控制。听力学家、其游说团体以及少数助听器生产企业（目前有6家，马上将减少为5家）都严格限制了患者的选择。现有从业者坚持认为所有患者都想要的是"黄金标准"。正如一位观察者所描述的，只有在经过彻底诊断评估后，患者才能购买助听器，这些诊断评估包括耳镜检查、骨传导测试、语音噪声测试、实耳测量（或语音映射）、听力恢复和手上助听器装置。这些诊断评估方法对很多人来说是过度的[5]。

最后，这还涉及社会耻辱因素。人们之所以不想戴助听设备，是因为害怕看上去"老了"。尽管有强有力的证据表明他们应该使用助听设备，但让他们承认这一点却很难。传统的助听设备通常很难看，还时不时发出噪声，这样一点儿都不酷！

对于这点我有切身体会。在一次家庭聚会上，我问及婆婆我听到的口哨声，当时我并不知道她在使用助听器，口哨声就是由她佩戴的助听器发出的。于是，她把它从耳朵里拽出来，放回抽屉里，在我们相聚的剩余时间里都没再使用。她很伤心，我也很痛苦。她希望使用助听设备充分参与到我们的谈话中，结果却很尴尬，如果我当初知道是助听器发出的口哨声，那么我决不会多此一问！

这是很严重的事情。约翰斯·霍普金斯大学的弗兰克·林最近的一项研究发现，听力丧失会增加罹患阿尔茨海默病、社交孤立甚至摔倒的风险。如果不首先矫正听力障碍，那么治疗相应的疾病也十分困难，同时，如果人们想努力弄清别人在说什么，那么他们的大脑认知负荷也会大大增加。显然，这是一个与流行病严重程度[6]相当的社会和健康问题。

聚集拐点

尽管存在问题，但是自 1977 年 FDA 将助听器归类为医疗器械以来，助听器的商业模式并没有太多改变。在此之前，助听器通常被视为一种消费品，一些非常糟糕且具误导性的广告和名人代言造成了人们的这种印象。与此同时，由于需要安装在人耳内，助听设备通常只能由听力专家出售。在某种程度上，由于误导性的说法和一些低劣的做法，利益集团开始对这些设备发出警报，促使FDA将助听器归类为具有极其严格的制造和配药协议的医疗设备。

受到高度管制且有利可图的助听器业务出现了拐点，该拐点源自2003年FDA收到的两份公民请愿书。FDA公民请愿书制度的设立旨在允许个人和社区组织请求改变医疗政策的过程。虽然这些请愿书本身对助听器的监管方式没有直接影响，但它们是拐点的开始，它们助推助听器的监管和销售方式向老花镜靠拢，而矫正视力镜片的销售可以不开具处方。

现有从业者并不急于退缩。正如美国听力学会建议的那样，任何放大声音的设备都应该接受FDA的监管。从字面上看，他们要求对入耳式耳塞及头戴式耳机都进行这样的监管。

除美国听力学会外，为了消除消费者的成本和现有从业者之间的矛盾，一个奇怪的联盟决心改变这个体系。2017年，美国听力学会竭力维护的监管体系首次开始瓦解。在经典的克莱顿·克里斯坦森式的颠覆中，新技术正被证明“足够好”，并正在扩大消费者群体，他们可能会受益于听力的提高。这就是克里斯坦森常说的“与不使用竞争”。

破坏者逐渐进入助听器行业

尽管不是助听器，但市面上也不乏生产业内称为“个人扩声设备”（PSAD）产品的公司。即使在今天，这些个人扩声设备也没有受到FDA的监管，任何想要购买的人都能轻松买到。对于传统助听设备制造商来说，更令人担忧的是，相比传统助听器，这些产品在工作中表现得同样出色，甚至更好。

例如，生产扬声器和降噪耳机的著名制造商博士正在生产一款售价499美元的耳机。尽管广告听起来很糟糕，就好像产品是针对患有听力损失的人（“我们想帮助你听到你谈话的每一个字[7]”），但是博士强调这些设备绝对不是助听器，因此避开了FDA的监管。不过，在2018年，该公司获批生产一款OTC（非处方版）自配助听器[8]。其他重量级厂商也纷纷涌入这个市场，包括三星的Gear IconX耳机和苹果的AirPods。AirPods是一种无线耳机，可以在听音乐、做运动时使用，还能连接到手机或其他设备的助听器应用程序上。此外，数十家初创公司正在涌入应用程序领域，其产品包括Fennex、Petralex和Here One等应用程序。在初创企业方面，一款名为Eargo的产品利用了飞鱼的灵感，是一款真正适合不同人群的助听器，这款助听器可以通过互联网购买，并像其他人们熟悉的电子设备那样充电。

你以为80亿美元是个大数目?

事实上，对于一个历史上从未被视为如此有趣的市场，所有这些兴奋和活力真的那么重要吗？嗯……

专家预测，即使在现有监管制度下，到2019年[①]，助听器业务的规模也可能达到80亿美元。有人说，到2023年，可能超过90亿美元。这是战略拐点的一个有趣方面。当过去复杂而昂贵的东西变得方便和便宜时，出现的结果往往是需求激增。如果我们从统计数据推断，目前只有1/5的需要听力帮助的人可以使用助听器，那么市场规模在短期内可能会扩大5倍——在允许任何人使用谨慎的、自我调节的助听器的拐点过后，市场规模可能高达450亿美元。

此外，你甚至可以看到听力设备的使用情况发生了相当大的变化，就像智能手机改变了人们使用手机的方式一样。人们可能会发现自己购买了不止一种设备，就像今天购买眼镜一样。也许其中一个的外观和功能是为周五外出晚餐设计的，或者是为了周日下午的体育比赛，甚至是为在家里看电视而设计的。一旦某物变得足够便宜，可能性就无穷无尽。

正如我们将在本书中看到的，如果足够早地发现即将发生转变的微弱信号，你就可以提前开始准备利用一个悬而未决的拐点。现在正是有意进入OTC助听器业务的公司开始准备和制订计划的时候。请注意，不是在行业爆发式增长时投资，而是在提前准备时投资。

当一个改变（有些人称之为10倍的改变）颠覆了企业赖以

① 本书写作时间为2018年，因此2019年的数据为预估数据。——译者注

生存的假设时，就会出现一个拐点。当拐点闪亮登场时，就是动员团队、集中精力，努力为组织准备迎接后拐点世界的时刻，就像博士、三星等公司在OTC助听器（对不起，不是助听器）领域所做的那样。

刚开始时是慢慢地，而发生却是一瞬间

拐点可能需要很长时间才能显现出来。1903年12月17日，奥维尔·莱特和威尔伯·莱特（合称“莱特兄弟”）在北卡罗来纳州基蒂霍克附近进行了人类历史上的首次飞行，这次飞行虽然只有短暂的12秒，却是历史性的。遗憾的是，直到3年后，《纽约时报》才第一次提到他们的成就。事实上，直到1908年5月，才有记者开始关注此事，公众才意识到，正如一位专家在1902年预测的那样，载人飞行的未来并不遥远，或者说已经到来了。在短期内，旅行、咨询、物流甚至国防等多个行业都发生了根本性的变化[9]。

拐点能够给一个功能系统的动态竞争带来巨大变化。这种变化通常是指数级的。可能是增大10倍，可能是价格便宜到原来的1/10，还有可能是方便10倍，等等。触发拐点的因素多种多样，常见因素如下：

- 技术变化；

· 监管变化；

· 社会可能性；

· 人口结构变化；

· 新的联系（在以前孤立的元素中，常见的数字颠覆）；

· 政局变化；

· 其他。

拐点能够改变组织建立的基本假设。组织内部或周围环境的变化可以产生新的创业机会，并给那些仍在旧模式或假设下运作的人造成潜在的破坏性后果。这种影响通常是非常复杂的，因为制度规则往往滞后。

我们发现，近年来在拐点上表现出色的公司往往不会出现令人痛苦的重组过程，如亚马逊、安泰保险、高知特、奥多比、富士胶片、帝斯曼、戈尔等公司。而那些对环境变化反应迟缓的公司，如 IBM（国际商业机器公司）、A&P（大西洋和太平洋茶叶公司）、西尔斯、惠普、戴尔等，情形往往相反。但是，假设一个组织在拐点发生时走错了方向，那它将面临崩溃或者走向完结，如玩具反斗城、百视达、睿侠等公司。

此外，拐点的进程不是线性的，而是时断时续的。当拐点出现的时候，理性的人经常对其重要性和可能的影响产生分歧，这是很正常的。

伟大的企业家和创新者不仅允许拐点发生在他们身上，而且还能联系相关可能性、洞察客户、探索新技术，从而激发变革，使自己始终保持领先地位。

拐点发生的四个关键阶段

拐点的发生有四个基本阶段：炒作阶段、幻灭阶段、突变阶段和成熟阶段。这类似于高德纳新兴技术炒作周期理论中用来理解技术如何商业化[10]的过程。

在可能出现拐点的早期阶段，你能做的最有成效的事情就是对可能重要的事情识别早期预警，并予以关注。此时下大赌注还为时过早。

随着事态的发展，人们开始对此大事渲染，专家们开始宣称整个世界秩序很可能被彻底颠覆。结果往往将导致泡沫产生，信徒大量投资，一种“抢地”心态占据上风。2013—2016 年，比特币等区块链货币的运行就是一个很好的例子。人们纷纷冲进新兴的战场，并且都希望从中分一杯羹。

学者称这种现象为“资本市场短视”。威廉·萨尔曼和霍华德·史蒂文森在 1987 年的一个著名案例研究中展示了投资者向当时新兴的温彻斯特磁盘驱动器行业投入了大量的资金，他们都希望在巨大的市场中占有部分份额。也许，每位投资者所做的决策都是明智的，但他们并没有考虑到每位投资者做出相同决策所产生的后果。

就像希腊悲剧一样，在炒作阶段，人们的投资几乎总是以破产而告终。于是进入了幻灭阶段。那些没有参与炒作的人会从“我告诉过你”的角度，说“这永远不会发生”。然而，幻灭阶段往往孕育着真正的机会。在幻灭阶段，一些初创者在危机中幸存下来，并开始为主要增长奠定基础。他们将建立可行的商业模式，寻找新的客户需求，甚至可能开始赚钱。此时，投资者应该考虑一些关键的投资点，寻找机会，并且时刻关注拐点。

幻灭阶段之后往往是一个更安静但却更具有意义的突变阶段。在这个阶段，那些关注拐点的人可以清楚地看到拐点是如何改变一切的。此时，投资者需要进行大量的选择，这决定着最终突变的发生。

最后，拐点来到了成熟阶段。在这个阶段，大家都很清楚它将如何改变世界。那些没有做好准备的人看到他们的生意开始衰退。值得庆幸的是，那些之前做好准备迎接拐点的人能够充分利用成熟阶段所带来的增长机会。

拐点过后，其所带来的变化已经按照预期融入了日常生活。事实上，很多人已经完全忘记了拐点发生之前的情况。此时，投资者要做的就是确保放弃不再相关的资源，并享受拐点成功过渡所带来的增长。

关于本书的结构

本书的第一部分是关于预见拐点到来的。它描述了组织应该如何在早期预见拐点的到来，并提前采取行动。

第一章以安迪·格鲁夫“雪从边缘融化”[11]的观察为基础，描述敏捷的组织如何创建快速的、水平的信息流，从而迅速做出决策，并对环境的实时变化做出反应。

第二章介绍了如何创建自己的“早期预警”系统，它不仅可以帮助人们发现拐点，还可以帮助人们制定关键的战略决策，即何时采取行动。

第三章提出了战略创新要素及其与组织创新过程相结合的观点，并说明了组织中不同层级的人对提出策略和执行策略的价值所在。考虑到变革的节奏和速度之快，战略不再局限于执行团队，而需要激励整个组织共同努力为之行动。

本书的第二部分描述了组织在面临重大变化时如何创造机会。

第四章描述了客户领域的相关机制，这些机制通常是那些传统的以行业为中心的人所忽视的。客户领域指的是客户在特定时间和地点的“待完成工作”，通过第四章的内容，我们将清楚如何才能赢得竞争，成为客户的首选供应商，并从中获利。

第五章讲述了如何消除对客户的束缚。客户目前通常被不满意的体验所束缚，一旦消除这种束缚，他们将放弃之前的解决方案而采取你的方案。

第六章阐述了一种通过生成许多假设并迅速排除不成立的假设，从而提前计划以抓住机会的方法。读者将看到提出某个特定解决方案和真正为客户解决问题之间的差别。从设计思维的角度看，这就是设计椅子和帮助厌倦站立的人之间的区别。后者能够提供更大的想象空间。

本书的第三部分为处于高速发展、高不确定性、充满拐点的环境中的个人提供了管理的一般指南。正如1996年《财富》杂志指出亚马逊的潜力那样[12]，挑战往往不是看到变化将至，而是重构组织以应对转型。这便是创新者的窘境——在你需要转型时[13]，最大的障碍就是之前为你提供良好服务的系统和流程。

第七章描述了组织体系在拐点产生初期对抗变革的方式，以及变革者可以采用何种方式来应对。本章还探讨了原本抵制变革的组织一旦面临失败将如何为了自保而做出改变。

第八章着重讨论领导者在不确定的环境中的行为，并举例说明我们需要如何超越“指挥和控制”的思维模式，转变为一种截然不同的领导模式。

第九章将组织和系统拐点的概念与如何利用它们为我们的利益服务联系起来。它表明，在社会或大型组织层面的拐点会产生连锁反应，以一种有意义的方式影响我们的个人生活。

虽然我们可能会对改变生活的拐点感到忧虑，但是当我们继续阅读本书时，我希望我们也能够感受到拐点所带来的兴奋和机会。

勇往直前！

第一章

雪从边缘融化

天哪，这家伙掌握着欧洲民主的命运，但他却不知道该如何是好[1]。

——莫莉·斯科特·卡托，英国国会议员，

脸书首席执行官马克·扎克伯格

在欧洲国会议员面前的证词，2018 年 5 月 23 日

如果真有一个值得期待的拐点，那肯定是社交媒体平台的主导地位引发的商业假设的变化。在短期内，“社交”颠覆了市场营销，它把公司和客户的互动变成了双向的，为过去无法沟通的双方搭建了一个平台，将过去独立的数据库连接起来，其产生的结果超出人们的预料。

2018 年，脸书、谷歌、推特等社交媒体网站都很艰难。它们因为传播虚假新闻、建立虚假账户、操纵选举和选民、劫持在线账户、泄露个人信息、种族歧视、冒充名人和利用网络语言攻击弱势群体而备受诟病。谷歌甚至没有派高管代表公司出席国会听证会，当时它正面临各种监管和商业模式的倒退[2]。

对于整个社会来说，我们甚至完全没有弄清楚这一切究竟是如何发生的。

本章将用脸书和其他社交媒体平台的兴起和困境，来说明预见即将到来的拐点所带来的两难结果。无论是对于有权势的首席执行官，还是处于社会底层的人，盲点都是危险的。本章的结尾，将讨论发现拐点出现前重要信号的实践。本章的中心思想来自安迪·格鲁夫："当春天来临时，雪首先从边缘融化，因为那是它最暴露的地方[3]。"

拐点即将出现的信号并不会出现在公司董事会的会议桌上。通常，只有那些直接接触现象的人，才会提前注意到即将发生的变化。他们是能够看到一项技术的发展和转化方向的科学家，他们是每天与客户交流、最了解客户想法的销售和客服人员，他们是对系统故障发出警报的人，他们是对即将做出的决定感到不安的人。

这些人能够首先看到拐点即将出现的信号，而且看得比任何人都清楚，你可能就是其中之一。

监控行业的兴起

在我年轻的时候，我所有重要信息的来源就是参考书，例如《不列颠百科全书》。我所阅读的内容，我注意哪些部分，我不在意哪些部分，甚至我是谁，都是绝对保密的。图书管理员是人类知识的保管人。长期以来，他们谨遵"为获取信息[4]提供便利，而不是监控"的道德标准。的确，历年来无数相关案件也证明了使用图书馆资源的隐私权是受到法律保护的。图书馆管理员泄露读者隐私的风险是巨大的，在他们的职业道德准则中对此有明确规定。

如今，对个人隐私的看法似乎有些古怪。脸书和谷歌等公司利用它们掌握的用户信息来精确定位广告的业务规模巨大。有统计表明，2017 年，通过这些平台发布的广告价值高达 880 亿美元[5]。这庞大的收入来源背后的商业模式是完全不透明的，但是数据代理辩称，许多人愿意放弃个人数据信息，以获得免费使用这些平台的好处。然而，我们中的大多数人都没有意识到，在数字革命之前，大多数个人数据的使用方式在经济上或物理上都是不可行的。

解锁以前私有数据库的秘密

早在图书管理员行为准则时代，人们的个人信息就储存在各种各样的数据库中。信用评价机构了解你的财务交易，机动车管理部门了解你的驾照和汽车所有权信息，刑事司法系统了解你的违法犯罪记录，医疗系统了解你的健康状况、药物使用状态和病史，等等。试想一下，有没有可能某种数据库能够知道并综合你的所有个人信息，创建一个关于你的个人信息全景。你猜怎么着？这种能力不仅存在，而且还有很多组织正在从中获利。

在数字时代之前，第三方在某种程度上可以获得你住在哪里、如何驾驶、得过何种病、是否触犯过法律、喜欢买什么、政治倾向如何等相关信息。不过，这项工作费时费力，而且信息的深度和质量往往令人怀疑。相比之下，今天的数据代理可以以低廉的价格和闪电般的速度匹配多个数据库。而且，随着数据库数字化，访问这些记录的成本急剧下降。

数据代理行业专家蒂姆·斯帕帕尼表示，我们中的大多数人都会惊讶地发现，我们每个人都有许多有关个人行为的隐私信息，只要肯出钱，任何人都可以轻易获得。你甚至不必达到脸书的规模就可以从自愿向你提供信息的人那里获益。调查发现，数据代理非常乐意建立类似 GoodParentingToday.com 这样的网站，网站中的“社区”成员会提供生活的具体细节。例如，你期待什么？你有足够的人寿保险吗？你有宠物吗[6]？

Take5 Solutions 这个网站背后的公司和其他很多公司没有告诉你的是，一旦你告诉它们一些关于你自己的事情，它们就可以把这些信息和大量的其他数据库的内容进行交叉比对，从而更加完善你的个人信息库。令人恐惧的是，对于这些组织存储的内容或准备将这些内容提供给谁，并没有受到特殊的保护消费者隐私的相关部门的监管。

单一的数据库包含的信息本身可能是无害的，但是将它们组合起来，则可能出现完全出乎意料的结果。2009 年，在无须数据泄露和访问任何特权信息[7]的情况下，研究人员便能够通过综合不同数据库中的数据来预测个人的社会保险号码。还有一种更为卑劣的商业模式，mugshots.com 网站将人们被捕的照片放在网上，不管这个人是否被判有罪，而要将这些照片从网站上删除则要支付数百美元。许多人称，他们的工作和生活都受到这些披露的干扰。执法部门发现，要起诉这些企业的经营者极其困难，因为他们基本上对任何人都不负责[8]。

在人群中旅行

当我们登录一个网站时，大多数人认为我们只是登录了那个网站。然而，我们并没有意识到，毫不相关的第三方正在监视我们，跟踪我们的行动，并通过它们的数据库捕获这些信息。它们知道我们是如何浏览网站的，我们点击了什么，我们阅读了什么，我们跳过了什么……然后，这个第三方将收集到的信息与我们档案中已有的信息结合起来，创建出一个关于我们的更详细的信息库。

虽然这几乎是一个公开的秘密，但普通人似乎并不知道在任何网站上透露任何信息都有可能造成这些信息的公开。

此外，只要登录互联网，就会产生数据痕迹，向感兴趣的人暴露你的在线行为。虽然用户模糊地意识到网站在使用cookie（储存在用户本地终端上的数据）跟踪他们，但许多人并不知道什么是所谓的第三方 cookie[9]。例如，如果你登录一个新闻网站，该网站上有一个脸书的“喜欢”按钮，那么你的计算机上将会被放置一个 cookie，供脸书访问。因此，即使你从未访问脸书网站，也没有它的账户，它仍然能够获得关于你在网络上所做事情[10]的信息。仍有很多人会说：“我没有脸书账户，为什么我要担心它有我的个人数据[11]？”

社交媒体的管理者一再承诺，将停止追踪互联网用户信息，并让用户自己决定将自己的信息显示在何处、与谁分享。2019年，《华尔街日报》记者凯瑟琳·宾德利决定测试这些互联网公司在遵守承诺方面的表现如何。于是，她下载了一款名为“怀孕怎么办”（What to Expect）的应用软件，她说：“不到12个小时，我就在Instagram（照片墙）软件上看到了孕妇装广告。我不是孕妇，也不是孕妇装的目标客户。于是，我试图探明其中缘由，与应用程序的发布者、数据合作伙伴、广告商和脸书讨论这个问题，我发了大量的电子邮件，打了无数电话，但是始终没有人把这两件事联系起来[12]。”她接着进行了详细说明，这些互联网公司在用户不知情的状况下，在多方面侵犯用户隐私，包括在定位服务关闭时跟踪用户位置，使用秘密算法让用户看到特定广告，在脸书被禁止向用户展示基于脸书之外的广告后，仍然进行这项活动。

《华尔街日报》进行了另一项更加令人不安的研究（如果可能完成），他们调查发现，健康和保健类的应用程序正在与脸书分享高度私人的信息[13]。在测试中他们发现：当用户在一个心率测试应用软件中键入信息后，该信息会立即发送给脸书；一个排卵期监测应用软件会将用户的排卵期和是否打算怀孕等信息发送给脸书；一个房地产应用软件会将用户查看的房屋和标记为最爱的房屋信息发送给脸书。更糟糕的是，正如作者所指出的，“这些应用软件都没有向用户提供任何明显的方式来阻止这些用户信息被发送到脸书。”更加糟糕的是，这些数据往往可以追踪到具体的设备和 IP（互联网协议）地址，这使得脸书能够将这些数据与现有的个人信息进行比对，借此从那些愿意为定向广告付费的广告商那里谋求利益。

显然，在用户自认为的允许共享数据和实际共享数据之间存在着巨大的差距。

你所在的环境在监视你

大多数人都知道互联网在隐私问题上有很多监管的真空地带，我们只能希望我们的信息不会泄露给错误的人。但是，如果我们生活中的其他方面也开始慢慢地像互联网环境这样呢？

最近，《纽约时报》报道，许多家庭使用的智能电视能够记录用户的观看信息，不仅如此，它们还能捕捉与之相连的其他设备（如智能手机）的相关信息。例如，Samba TV 在用户使用智能电视过程中，允许将收集到的相关信息发送回其主机，这些信息不仅包括用户的观看习惯，而且还包括与智能电视连接在同一网络的其他设备的信息[14]。

这对广告商来说无疑是一棵摇钱树，因为他们可以根据用户随后访问其网站的情况，获取电视广告效果的准确信息。时任花旗银行市场总监克里斯蒂娜·迪兰多曾表示，这种将用户实时观看行为与数字活动联系起来的能力十分神奇[15]。只要公司向 Samba TV 及其同类产品支付一定的费用，他们就可以选择在竞争对手广告之后播放其广告、重复播放其广告或者在某个特定节目之后播放其广告。并且，这一切是完全合法的，因为这些公司声称用户同意向它们提供观看习惯等信息，而这些信息隐藏在长达千页的同意书中。

对于 4 730 万能够使用 Alexa 或 Siri 等智能音箱的用户来说，这就保证了他们的设备能在家里的其他地方[16]使用。通过一个接一个的事件，我们有理由相信这些智能音箱正在收集和捕捉我们日常生活中的相关数据。例如，亚马逊 Echo 设备记录了西雅图一对夫妇的私人对话，并将录音片段发送给数百英里[a]外的一位熟人[17]。类似的案例越来越多。

快速的、指数级的、爆发式的——脸书的崛起……

谈到由广告支撑的大型社交媒体平台所面临的挑战，脸书是一个很好的案例。脸书成立于 2004 年，如今已覆盖超过全球 1/3 的人口，其呈指数级的增长速度和巨大的影响力令人惊叹。然而，自成立以来，它对使用个人数据的态度并没有太大改变。它始终没有意识到，广大公众、监管机构、竞争对手和其他人最终会了解到社交网络到底在做些什么。

下面是播客节目《硅谷内幕》披露的马克·扎克伯格和他

① 1 英里等于 1 609.344 米。——编者注

的一位朋友的对话。从中，我们可以看出，脸书自诞生以来，在用户隐私方面的表现。

扎克伯格：是的，如果你需要哈佛大学任何人的信息，直接问我就好。

扎克伯格：我有4 000多封电子邮件、图片、地址以及社交网站信息。

朋友：天啊！你是怎么做到的？

扎克伯格：他们刚刚发布的。

扎克伯格：我也不知道为什么……

扎克伯格：他们“相信我”。

扎克伯格：真是一群笨蛋[18]！

据报道，该社交网络在2006年公开对外开放[19]时，公司领导就将其视为“全球的通信录”，它将“主宰世界”[20]。

2012年，脸书首次公开募股。正如一位观察人士所指出的那样，从其用户身上赚钱的压力陡增，这促使脸书开始进军广告领域[21]。证据充分显示，这是其灾难的开始，而这些灾难主要源于脸书挖掘用户信息和为广告商提供自动访问的空前能力[22]。

到了2016年，脸书被舆论送上了风口浪尖，原因是其广告的定向投放方式让公众难以接受。其中一个臭名昭著的例子就是，ProPublica（为公众利益进行调查报道的非营利性公司）爆料，在购买了一个专门排除其他种族人士的住房类广告后，他们发现，脸书允许房地产广告商对非裔、亚裔以及西班牙裔“美国人”进行屏蔽。一位著名律师说：“这太可怕了，这是严重违法的。这是对联邦《公平住房法》的公然违背。[23]”

在浮士德式交易中，消费者同意用自己的个人信息来换取免费的服务。结果却产生了一种完全失衡的经济安排：起初他们只是怀揣单纯有趣的想法，分享朋友的照片，分享度假的照片，然而后来慢慢演变为一种由数十亿美元广告资金推动的社会力量。

其他数据公司的做法也存在类似的问题。例如，谷歌要求制造商在设备上预装其应用软件，并且要求制造商只能出售未经修改的安卓软件版本，这些做法违犯了欧盟的《反垄断法》，欧盟对其罚款 50 亿美元。然而，与谷歌不同的是，脸书的主要高管们并不否认数据收集，他们认为这是“为每个人创造了更多的选择[24]”。他们宣称，他们对用户所提供的数据是如何使用的感到震惊且毫不知情。

脸书的首席执行官已经被两个大洲的民选代表所诟病，人们批评他对剑桥分析（英国数据分析公司）所披露的信息带来的危机应对不力[25]。那起丑闻涉及该公司在不知情的情况下出售 5 000 多万人的信息，目的是瞄准政治广告[26]。一场想要放弃其生态系统的人发起的小型运动已经出现[27]。权威人士表示，脸书很可能会走上 MySpace（聚友，社交网站）的老路[28]，甚至连苹果联合创始人史蒂夫·沃兹尼亚克和 WhatsApp（瓦次普，供智能手机之间通信的应用程序）的创始人布莱恩·阿克顿等知名人士也宣布将删除脸书。[29]

社交媒体公司面临重大转折点，甚至扎克伯格也宣布公司“处于战时状态”[30]。亿万富翁、投资家乔治·索罗斯在 2018 年的达沃斯世界经济论坛上称，脸书的时日不多了。[31]

个人数据业务的预言

脸书并不是没有得到警告。

正如我所研究的几乎每个主要拐点那样，早在它们出现之前，就有迹象表明它们即将到来。让我们来看看那些与脸书特别相关的事件，同时看看整个数据代理行业和社交媒体领域可能会受到的影响。

自万维网出现以来，观察家长期认为，它存在的一个关键风险是人们如何利用网上的信息。事实上，早在 1996 年，杰出学者蒂姆·伯纳斯·李就对网络的影响深表疑惑：

> 它能够通过告知选民国家决策背后的现实，从而实现真正的民主吗？它能够在实践中成为偏见的聚居区，依靠强烈的情感而非真相赢得读者吗？这是由我们来决定的，但是评估简单的工程决策对这些问题的答案[32]的

影响并不是一件小事。

在这些问题被提出的时候，脸书和谷歌甚至还不存在。

然而，就在这些具有先见之明的警告发出时，这两家公司都在迅速增长。早在 2006 年，科技和社交媒体学者、微软首席研究员丹娜·博伊德就对脸书新闻推送功能[33]会给个人隐私带来危险发出了警告。她观察到，虽然用户能够通过这种新闻推送功能轻松地获得他们想要的信息，但是这种新闻推送功能也将用户的个人隐私暴露在光天化日之下，一定程度上，用户无法预料其个人信息都会被推送给哪些人。脸书对“朋友”的生硬定义，对于解决这个问题毫无帮助。无论是你经常在咖啡店遇见的人，还是你真正的朋友和家人，脸书把所有人通通定义为“朋友”，这让你很难对“让谁看什么”做出选择。这就是丹娜·博伊德所谓的“入侵感”。

丹娜·博伊德在谈及新闻推送功能时还说：“这是不健康的，会扰乱社会秩序，而且对用户来说，它比那些仅仅因为鸡毛蒜皮的小事就准备对你大发雷霆的领导要糟糕得多……我认为它极具欺骗性。”令人痛心的是，博伊德的警告与用户在脸书上主动分享的信息密切相关。而让她意想不到的是，这些存储的个人数据竟可以用来交易。然而，她的警告基本上无人理会，随着公司业务爆发式的增长，脸书用户的增长速度不降反增。

另一些警告也未引起人们的注意，脸书平台上存在一些不法之徒，他们创建虚假账户进行诈骗，并且将人与人之间建立的关系武器化。造假如此泛滥，以至于2011年《广告周刊》发表了文章，建议人们根据7大迹象判断脸书的新朋友是真是假[34]。脸书认为要求用户实名注册会产生一种威慑，但这种想法似乎是错误的。

相比博伊德等外部观察人士发出的警告,脸书内部人士呼吁采取的行动则显得更加有趣。例如，一些公司内部人员[35]警告称，该公司正在收集的数据可能被用于用户从未想过的用途。脸书平台运营经理桑迪·帕拉基拉斯表示，2011—2012年，他曾多次向公司高层领导反映，公司对用户提供的敏感数据保护不足，但基本上被忽视了。

正如他在电视采访中所说："在公司首次公开募股前的几周，媒体曾多次提出相关问题，指责脸书没有履行其应尽的义务。"他说，9个月前，他开始从事其在科技领域的第一份工作，即负责脸书用户数据的安全，当时他是多么"震惊"！正如他所观察到的，"他们关心的是如何保护自己在公司内部的声誉，而不是如何解决问题"。

越来越多的脸书前员工对该平台的社会影响进行了质疑。脸书前高管查马斯·帕里哈皮蒂亚哀叹脸书创造的东西让人上瘾，并指责它"撕裂了社会"[36]。

一些互联网公司（脸书、谷歌等）的前高管甚至采取了行动，而不仅仅是口头批评。他们通过成立统一的机构——人道技术中心，试图以此来应对因社交媒体成瘾[37]对社会产生的负面影响。

转折点的开始

这些公司为了采集个人数据，把用户蒙在鼓里，用成千上万字的服务条款来合法地掩盖其行为。如今，用户的个人隐私信息被数据公司随意买卖。诸如你吸烟吗？你是同性恋吗？你喜欢《五十度灰》系列吗？实际上，由于缺乏监管，我们大多数人甚至对此一无所知。随着国会开始关注互联网公司高管，将《通用数据保护条例》（GDPR）引入欧洲，以及个人数据落入坏人手中产生可怕后果的案例越来越多，我相信，现在已经到了个人信息使用监管的关键转折点。

安东尼奥·加西亚·马丁内斯抓住了问题的核心。他在《混乱的猴子》一书中描述了他是如何帮助公司开发随时跟踪用户上网的[38]第三方广告程序的。他对脸书的偏见限制了其数据的使用吗？“严酷的现实是，除非公众舆论爆发，否则脸书永远不会限制[39]对其数据的使用。”

众多迹象表明，舆论的爆发点已经到来。在一份 2016 年发表的关于美国人对数据隐私态度的报告中，关于数据隐私管理公司 TRUSTe 和国家网络安全联盟（NCSA）的消费者隐私指数表明，大多数人担心的是个人隐私泄露，而不是失去主要收入来源[40]。

与此同时，各国政府也开始行动。《纽约时报》报道，有50多个国家的政府已采取措施收回个人数据的使用权[41]。一旦缺乏政府监管的技术平台成为点对点通信的网络，那么政府就会感觉受到威胁，并做出相应的反应。事实上，自2009年起，脸书就被禁止进入中国，尽管脸书发起了一场包括马克·扎克伯格学习说普通话在内的重大魅力攻势，但这一禁令依然有效。

不可思议的是，各国政府可能会要求脸书分拆其业务，才允许其继续在所在国运营。随着其核心业务新闻推送平台停止增长，以及WhatsApp和Instagram的业务增长，这种业务拆分对脸书来说无疑是雪上加霜。如果将“数据”比喻为“新石油”，那么这种业务拆分相当于20世纪初期大型石油公司的解体，或者是美国电话电报公司失去了其对消费者选择购买服务和设备的垄断权。

此外，政府部门也开始启用法律机制来遏制智能电视制造商利用Samba等服务获利的商业模式[42]。

对脸书来说[43]，更为严峻的挑战是其对员工的吸引力正在不断下降。2018年底，只有大约一半的人认为公司正在使世界变得更好，有52%的人认为公司走在正确的发展道路上[44]。另一份报告则说，许多员工正打算离职，并寻找其他工作机会[45]。

脸书面临的另一个挑战是竞争。虽然它与用户有着深厚而牢固的关系，但它并不能直接从这些用户身上赚钱，而是通过向广告商出售用户个人信息来赚钱。这些信息都是间接的，例如：你是谁，你喜欢什么，你上什么网站，等等。再来看看亚马逊等网购平台的广告能力有多强大。亚马逊不仅拥有大量个人信息——这些个人信息远没有脸书收集到的让人震惊，而且它知道用户实际购买了什么商品。观察人士预计，亚马逊将从谷歌和脸书两个网站上吸走相当数量的流量，因为亚马逊利用了提供广告所需的信息，并将其快速转化为购买量[46]。

其他平台也可能对脸书产生竞争。据传言，Instagram 创始人因与脸书的高管产生分歧，于 2018 年离开了公司。Instagram 的联合创始人凯文·西斯特罗姆声称："如果我是管理团队的一员，我会停下来，因为我期待尝试一些'新的东西'[47]。"试想一下，如果在脸书之外创建了另一个非常受欢迎的社交媒体，它很可能会禁不住诱惑而被脸书出钱收购。而西斯特罗姆出于正常的反竞争行为，则不太会受到金钱诱惑。

所以我的基本观点是：对于脸书和其他受广告收入驱动而进行数据收集的公司来说，商业拐点已经到来。公司及其竞争者也许还不知道该如何突破拐点，但我们可以肯定的是，随着拐点的到来，它们的发展将会大相径庭。

从边缘洞察：解决盲点的 8 种方法

脸书正处于关键时刻。截至本书撰写之时，脸书拥有 20 多亿名活跃用户、400亿美元收入（2017年），在互联网上无处不在，这是不容置疑的。然而，巨人的倒下古已有之。无法预见暴风雨的到来，便有可能招致最终的失败。诺基亚就是一个例子。

2007年，诺基亚占全球智能手机市场49.4%的份额，其首席执行官登上了《福布斯》杂志的封面，并配以大标题："诺基亚拥有10亿客户——手机之王谁与争锋？"然而，同年年初，苹果手机推出，安卓平台商业化，这些都是诺基亚帝国崩塌的前期预警。

因为我在21世纪初就和诺基亚公司密切合作，所以我对此有所了解。我收到知情人士的电子邮件，审计人员已经接手了诺基亚公司，那些精明的销售人员正在接受调查。尽管我手里拿着可联网的平板电脑，但没有顾客见过它。最令人沮丧的是，我和其他人辛苦经历的创业和成长过程正在逐渐瓦解。诺基亚的领导层并未看到问题正在逐渐产生，这些问题使得其业务开始不断地走下坡路。我认为，脸书陷入危机的原因也是如此。

脸书的数据收集和追踪实践导致的后果令人非常不安。如果公司的发言人是可信的，那么这一切都将是极其可怕的。

撇开对这种说法的争议，我认为，一贯地忽视外部质疑将给脸书带来挑战。很显然，无论脸书最终是否扩大了竞争优势，正如之前它收购了快速增长的WhatsApp和Instagram一样，其领导层都不愿在2018年"开战"。

在下一章中，我将介绍一种方法，用于识别和解释事物可能发生变化的微弱信号。下面，我将重点介绍如何在所有人看到明显的事实之前察觉那些微弱的信号，并用脸书的一些例子进行说明。

从边缘出现

如果雪从边缘融化，你应当通过相应的机制看到那里发生了什么。这是未来主义者广为采用的方法，正如艾米・韦伯在其著作《信号如是说》[48]中所写的。然而，当我回顾与很多公司高管共事的时光，他们日程中的最后一件事才触及边缘。他们对周围发生的变化鲜少关注，因为他们每天都面临巨大的压力，需要完成每个季度的工作任务，或者被所获得的巨大成功蒙蔽了双眼。他们和公司内部的团队成员一起，安全地待在总部。

那么，考虑一下下面的 8 种做法，它们可以帮助你确保在你意识到拐点之前，你的组织周边不会酝酿出可能对公司产生巨大影响的事情。

1. 建立一种机制，引导信息从办公室直接流向市场前线

领导者未能察觉潜在重要拐点的一个常见的原因是，他们接触不到那些能够告诉他们实际情况的人。由于无法与持不同意见或完全不同观点的人进行沟通，这些领导者对世界上正在

发生的事情产生了错误的认识。

这似乎正是在脸书发生的事。在这家非常成功的公司，公司领导者无疑一直处于一个狭窄的圈子。公司中的大多数领导者已经在这家公司工作了 10 年或更长时间，他们将高级团队描述为一个“家庭”[49]。从积极的方面来看，他们之间长久以来一直保持着坚不可摧的互信关系，这使公司能够快速发展。然而，有迹象表明脸书的拐点已经到来，那就是这个团队中的许多成员已经宣布离职。

然而，不少观察人士对脸书的团队并不持赞赏态度。他们说：“马克·扎克伯格身边都是马屁精和跟他想法一样的人，他对公司给世界带来[50]的负面影响一无所知。”有些人甚至认为脸书是一个“邪教”，不鼓励团队成员发出不同声音，这势必会造成盲点[51]。

寻找拐点早期预警的组织都有相应的做法，以看到组织外部的信息和趋势。一种做法是建立直接从领导办公室到市场前线的信息流。实现这种做法可以采取多种形式。在郭士纳执掌 IBM 的头几个月里，他经常拜访客户，与一线员工交谈，目的就是了解实际情况。虽然 IBM 有着严格的等级制度，但是郭士纳召开“深度挖掘”会议，受邀参会者不是取决于其级别，而是取决于其掌握的信息。这种方式几乎要把员工逼疯了。

越级对话是第一手信息的另一个来源。我观察到的一种做法是，一名领导者定期举行早餐会，与员工交流，而参加早餐会的员工是通过电脑程序随机选择的。另一种做法是，要求员工向领导定期汇报从客户那里获得的想法，花旗银行的信用卡部门采取的就是这种做法。

其中的关键是为那些拥有决策权的人提供方法科学并且结构安全的方式，让他们接触到组织和外部环境之间的衔接处正在发生的变化。

2. 确保发挥你的想象力

无论好坏，人类都是以自己为参照来期望这个世界的。脸书的创始团队及其最初的用户群体，不是只以一个学院为参照，而是以常春藤联盟为参照。因此，他们并不知道自己建立的这个平台能为不同文化、不同制度和不同动机的人做些什么[52]。

或者，正如博客先驱、Six Apart 公司元老、博客软件 Movable Type 的创建者阿尼尔·达什所说："如果你是一个含着金汤匙出生的孩子，你的一生都很富有，你的一生都很优越，你的一生都很成功，那么，你一定不认为任何人会对你有所隐瞒[53]。"

缺乏想象力、看不到别人如何以一种自己绝对想不到的方式利用所处优势，这是一种典型的盲点。例如，连通纽约是一个蕴藏了乐观主义的项目，该项目使废弃的付费电话亭得到了更好的利用，成了公共场所人们上网的工具。其创始人的想法是，这些终端能够方便游客查找本地信息，帮助人们了解周边美食，还有其他相关的积极用途。可以想象，当人们在街上看色情片，在电话亭周围搭建简易住所，并利用它们来进行其他令人厌恶的行为[54]时，该项目的创始人会多么沮丧。

扪心自问，我们是否邀请了持有不同观点的人加入讨论？我们是否倾听了那些生活经历和观点与我们不同的人的想法？我们是否选定了一个方案就不再去想别的方案？

3. 平衡“一型决策”和“二型决策”——增强灵活性，但创造平衡

亚马逊创始人兼首席执行官杰夫·贝索斯有一个著名的论断，即一个组织需要做出两项基本决策，即“一型决策”与“二型决策”。他所谓的“一型决策”是指那些对组织具有巨大影响的决策，具有潜在的高风险，并且是不可逆转的，相比之下，“二型决策”是可逆的、低风险的，并且具有丰富的学习潜力。亚马逊的一个成功案例便是他利用小团队来执行“二型决策”。

这反映了“敏捷”方法作为传统官僚制[55]的替代品越来越流行。该决策的原则是，团队规模应该较小，并且有权对低风险活动做出决策。杰夫·贝索斯在亚马逊创立了著名的“两个比萨”原则，它是指任何一个团队都不能太大，绝对不能大到吃得下两个比萨。在他看来，一个团队应该由 10 人组成，最多 12 人，从而保证不需要过多协调便可以流畅地合作。他还描述了在“二型决策”下的团队授权。他说，这些决策不需要通过

公司的层层审批。

看完下面的例子，你会深有体会。请考虑敏捷且相互关联的团队和传统公司行为之间差异的描述。贝恩咨询公司的克里斯・祖克和詹姆斯・艾伦观察了易趣公司首席执行官约翰・多纳霍的做法。多纳霍定期召开会议与 30 岁以下的员工进行交流，这些员工通常是通过并购进入公司的。有一次，一位名叫杰克・亚伯拉罕的员工有个大胆的想法，那就是对公司网页进行重新设计。于是，多纳霍让他去弄清楚需要什么样的资源才能实现他的想法。一天晚上，亚伯拉罕带着五位最好的开发者去喝一杯，并说服他们第二天去澳大利亚旅行两周，在那里制作网站模型。多纳霍惊叹道："如果我请一个一般的产品团队，我可能会得到数百张 PPT（微软公司的演示文稿软件），然后花费两年的时间和 4 000 万美元的预算。但这些人只用了两周时间，就完成了这项工作。他们做到了，他们没有做 PPT，而是直接制作了网站模型[56]。"

对企业一线员工充分授权和信任是非常重要的，这也是家得宝扭亏为盈的重要原因，虽然该公司一度忘记了这一点[57]。与此相反，另一种做法是雇用一些价格不菲的顾问，让他们与一线的员工交谈，了解情况，然后再向决策者汇报他们所听到的。

我认为，脸书过度使用小型授权团队。然而，回顾这些团队做出的决策，实际上却属于第一类。想想该公司的许多重大公众灾难：从开发广告服务 Beacon，到开发人员的许可和访问权限，到情感操控的指控，到剑桥分析公司的惨败，再到对选举干预的指控。事实是，“快攻破局”的箴言能够很好地服务于组织进行探索和制定“二型决策”，而这在执行“一型决策”时则可能是致命的。脸书似乎也意识到了自己规模壮大后使用“二型决策”的危险。2014 年，扎克伯格宣布不再使用“快攻破局”的策略，而开始实施“迅猛而动”的策略。然而该策略只应用于开发者团队，我认为如果将这个策略应用到其外部活动上应该更为有效。

4. 调整边缘：培养小赌注

脸书有一点做得非常正确，那就是遵循了彼得·西姆斯在其著作《小赌大胜》[58] 中提出的建议。

另一个案例是，奥多比公司，作为数字媒体和数字体验解决方案提供商，它会收集公司内部员工的想法，这些想法在公司召开的战略或创新会议上通常是听不到的。他们认为，最有创意的想法很容易在与企业官僚主义的斗争中被扼杀，从而失去被发现的机会。用于收集这些想法的“Kickbox”就是一个上面写着“解放你的思想”的红色纸盒。

纸盒中有一套使用说明，一支圆珠笔，两套便利贴，一个计时器，一本记录“坏主意”的迷你笔记本，一本较大的螺旋线圈笔记本，一根焦糖海盐巧克力棒，还有一张价值 10 美元的星巴克礼品卡。放入最后两样物品是因为所有好的创新都来源于糖和咖啡因。此外，“Kickbox”与“意见箱”或“创新训练营”的不同之处在于，它还附带一张价值 1 000 美元的预付花旗银行卡，员工可以随心所欲地花钱，而无须向经理说明购买的理由或提交费用报告。

“Kickbox”的创意是由奥多比公司的首席战略官兼创意副总裁马克·兰德尔提出的。在公司从压缩软件过渡到基于云的产品的过程中，兰德尔通过这个重大的转变来仔细审视公司是如何进行创新的[59]。他使用了一种从边缘进行观察的最佳实践方式。通过与数十名员工交谈，从而找出他们在寻找可行的方案时遇到的障碍，这些方案是基于他们对客户和今后工作的独特见解。

他的发现与我的论点是一致的。通常，最大的问题不在于提出创新的想法，而在于这些想法能够通过公司的层层批准最终得以付诸实践。兰德尔有着超级敏锐的洞察力。为了一个 100 万美元的项目，他可以下 1 000 个 1 000 美元的“小赌注”。任何员工都可以申请“Kickbox”，项目不设最后期限，即便所提出的想法没有成功，也不会受到惩罚。公司不强迫但是推荐员工参加一个为期两天的课程，该课程向员工传授一些有关甄别和培养创新想法的基础知识，比如发掘客户兴趣。该课程包括六个级别，每个级别都有对员工下一步的建议和测试。完成所有级别的课程，你就可以付诸实践了。

到目前为止，大约有 1 000 人获得了“Kickbox”，但很少有人达到下一个级别。尽管奥多比公司通过“Kickbox”项目收集到的想法帮助其以 8 亿美元的价格收购了内容公司 Fotolia，然而，只有 23 名员工通过了所有 6 个级别的课程。这 23 名员工拥有所需的一切资源来向管理层推销他们的创意，并获得了一个珍贵的蓝色盒子。蓝色盒子中到底装着什么是个秘密，但是盒子颜色的转换意味着这名员工已经从组织边缘转变为组织中的关键角色了。

此外，奥多比公司已经将“Kickbox”项目开放使用，其他组织也可以尝试一下。[60]

5. 走出办公大楼

无论数据营销公司的动机是什么，有一点是相对清楚的，那就是虽然它们的出发点可能是好的，但结果往往事与愿违。我认为，脸书从未想过进行政治操纵或残暴的公民镇压。但是，一旦无法看到实际的工作情况，就会产生盲点，从而容易被坏人利用。

具有防范意识的领导者会重视与外部环境的联系，寻找正在发生的变化及其方式。作为企业家、教育家以及“客户发现”过程的发明者，史蒂夫 · 布兰克常说：“答案不在办公楼里。”他鼓励组织中的每个人走出去，从与客户的互动中寻找灵感和想法。这很复杂，因为公司的一线员工常为了给领导留下好印象而下意识地向他们隐瞒信息。

我们可以从《纽约时报》一篇关于工作时间的文章中看到这是如何发生的。该文章的主要观点是,Gap（盖璞）公司发现，为员工提供更加稳定和可预测的工作时间，能够给公司带来利益。文章称，并非所有经理都觉得这很容易，一位门店经理说，他可能每天要延长两到三班的工作时间，来接待他的主管[61]。

让我们来仔细思索一下。门店经理的决定完全破坏了主管为体验其公司与顾客关系所做的值得称赞的努力。他所体验的并不是顾客通常光顾的那种门店，而是一家员工水平明显超出预期的门店。难怪主管会忽视一些不好的信号，因为他根本没有机会看到这些。这也不是门店经理的错。在许多公司文化中，这种做法是很正常的。就像在你迎接客人之前要把客厅收拾干净一样，虽然我们都知道客厅通常不是这样的！

还有一个类似的案例。曾经有位来自某家无线通信公司的高管参加了我的课程。当时，该公司以在全国多个地区的网络信号覆盖率参差不齐和网络性能差而闻名。他跟我说，他们欧洲总部的一位高管将于下周前往美国。我问他："这位高管对美国的通信服务质量差会有什么反应？"他回答说："不会出现这个问题的。我知道他们的行程安排、路线区域和工作范围，我们的技术人员能够确保他们的手机信号良好，因此不存在通信服务质量差的问题。毕竟，他们在这边还有工作需要完成。"于是，一个有意或无意的决定，再一次使决策者无法了解用户对其公司的真实想法。

我们鼓励确保公司高管们不迷失在公司总部的舒适圈中，而是走出去直接了解用户对公司的实际看法。

确保这种情况发生的另一种方法是，让领导处于一个能够与客户自然相遇的位置。例如，可以考虑将领导办公桌移到活动发生的地点附近，或者当客户对公司提出批评或抱怨时，领导能够在现场。

经常做一些“走出办公大楼”的练习会很有帮助。我最喜欢做的是从 Solve Next 公司的同事那里学来的，叫作“品牌接管”的练习。基本上，你要做的就是想象你的组织被另一个组织接管了。然后你问自己，他们会让你做什么？不让你做什么？如果有更多的营销资金，他们会希望你怎么花？当你把自己想象成另一个完全不同的组织中的一部分，你就能极大地解放你[62]的思想。

6. 通过激励措施揭示有用的（即使是令人尴尬的）信息

考虑到公司的商业模式依赖于出售个人信息，因此关于这个过程存在严重缺陷的报道并没有被公司完全接受也就不足为奇了，因为公司的高管根本不想听[63]。在回应有关个人隐私的问题时，他们不客气地驳斥了这些反对意见，辩称用户对此是“同意”[64]的。

美国国家公共电台的阿尔蒂·沙哈尼观察到，脸书的真正问题是，将用户参与度置于任何其他指标之前。她说：“曾经在脸书工作过的人说，高管始终专注于衡量用户参与度。例如，点了多少赞，点击了多少下，分享了多少次，能看多长时间的视频。”脸书的员工均表示，“在产品会议上，任何对脸书标志性产品——新闻推送功能——进行调整的建议，都必须包括对该产品如何增加或减少用户参与度的深入分析。从脸书的博客文章和研究[65]中也可以明显看出，公司对该指标的执着关注。”

强大的商业激励可以阻止人们接受和吸收过往的经验教训。事实上，如果设计不当，强大的激励措施可能会导致意想不到的后果。以声名狼藉的能源贸易公司安然为例，尽管其经营业绩不佳导致股东利益受到侵害，但它仍向高管发放巨额奖金，这反过来促使他们不断抬高股价，最终导致的结果不仅令人厌恶，而且触犯了法律[66]。

切记，企业的行为若是触犯了法律，它们完全有可能会被停止运营。以 Aereo 公司为例，这家初创公司试图在互联网上转售广播电视节目。众多强大的原告联合起来，针对该公司的这种商业模式，将其告上了法庭，并一路将官司打到美国最高法院[67]。目前，脸书也招致了很多诉讼，而该公司在上报给美国证券交易委员会的季度报告[68]的脚注中也罗列了这些诉讼。

7. 避免否认

尽管有大量证据表明脸书存在严重问题，但该公司在公开声明中不断淡化事情的严重性。脸书先是否认其社交平台影响

2016 年的总统选举[69]，后来又否认为参与犹太人大屠杀的人进行辩护，认为其有权在社交平台上讲他们的故事[70]。从这两件事中我们可以看出，只要用户不犯法，即使他们不道德地使用社交平台，脸书似乎也并不愿意对此负责。然而，更有趣的是，脸书在 2010 年的一项研究中表明，在中期选举[71]中，社交平台对选民有很大的影响。

这并不是什么新鲜事。领导者为了方便起见，往往会故意装作一无所知，而不去理会正在发生变化的事情。例如，时任地图制造商兰德·麦克纳利公司首席执行官的罗伯特·S. 阿帕托夫在 2006 年接受采访时，基本忽略了数字革命可能产生的影响。

> 根据阿帕托夫的说法，任何认为老式的折叠纸质地图即将消失的人都应该进行反思。他在位于芝加哥北部的公司总部接受采访时说："这有点像说报纸将会消失一样，虽然人们使用它们的方式会发生一些变化，但人们仍然希望能够在喝咖啡时展开它们进行阅读。在人们制订旅行计划时也是一样，人们希望能够继续以这种方式使用地图，即使他们将地图与手持设备或互联网一起使用。"

2007 年，兰德·麦克纳利公司被不良资产投资公司 Patriarch Partners 收购[72]。

8. 与正在慢慢到来的未来对话

科幻作家威廉·福特·吉布森有句名言："未来早已到来，只是尚未平均分布。"我在创见研究所的同事斯科特·安东尼把这个概念变成了一个实用的建议：找到未来已经到达的地方，在那里去和来自未来的人交谈[73]。

例如，如果你想知道10年后20多岁的年轻人如何看待这个世界，你可以和现在10多岁的年轻人进行交流。如果你对几乎任何行业的前沿发展都感兴趣，那么你可以去参加一些会议，人们必然会在会议上提出自己关于行业未来发展的看法。

例如，我的同事弗兰克·罗斯在哥伦比亚大学运营着一个名为"讲述数字故事实验室"的项目，该项目鼓励人们分享那些数字技术如何影响我们的故事和经历。该项目包括一项名为"一打数字"的竞赛，该竞赛每年会评选出12个最佳的"讲述故事的创新方法"。弗兰克之所以设计这个竞赛，是因为他相信改变人类交流方式的每一次革命都需要20年的时间才会成熟。例如，他注意到，当电影刚开始商业化时，没有人知道"电影"是什么。他们做了什么？他们是在拍舞台剧吗？我对在线教育也有类似的看法。因为我们还不知道它到底是什么，所以我们拍摄了教授在教室里讲课的视频。尽管这很有可能并不是新媒体发展的方向，但正因为我们不知道未来会是什么样子，所以试验、尝试和犯错是必经的过程。

拿电影来说，直到多年后，那些我们认为正常的拍摄和制作方法才成为如今的标准做法。电影发明之后，不按顺序拍摄、多角度拍摄、剪辑等很多其他技术才开始不断涌现。

“一打数字”竞赛汇集了很多目前无法归类的数字作品。2018年，一名参赛者在竞赛中展示了邮件直邮处理公司邮件猩猩制作的一系列搞笑广告和视频。这些作品将人们对该公司的错误发音展现出来,诸如“邮件虾”(视频中是一个鲜虾三明治在邮局唱歌)和“甘蓝跛行”(视频中是一群全身覆盖着羽衣甘蓝的小狗)，这些作品后来在大街小巷广为流传，公司还配合影片推出了相应的海报[74]，甚至包括后续制作的“碎掉的薯片”。

2018 年竞赛中还有一系列好的作品，其中有一个是让你沉浸在参观美国和墨西哥边境的体验中，还有一个是通过卡通的方式展示了第二次世界大战中的丹麦特工,等等。不要光听我说,你应该去他们的网站（http://digitaldozen.io/2018-awards/）亲自了解一下未来的数字故事。

这里我要强调的是，未来并不是一下子就发生的。它是不均衡地慢慢到来的，只要你找到未来已经到达的地方，那么你就能更早地看到未来。

卡珊德拉（不为人所信的预言家）有时也是正确的

脸书利用个人数据从事商业交易的行为仍在继续，这种忽视组织边缘正在发生变化的行为将会给公司带来危险。因此，关注能够直接接触到正在出现的拐点的人极其重要，因为他们可以帮助你更好地认识拐点。

如果你是处于边缘的人，请保持这样的想法：你的时间可能比你想象的来得要快。如果你正处于某件事即将发生的边缘，那么你能够在所有人意识到发生了什么之前采取行动。

关键点

雪从边缘融化。那些将从根本上影响企业未来的变化正在外围酝酿。为了避免拐点带来的措手不及，你需要了解边缘正在发生的变化。

由主要战略拐点引发的变化通常需要相当长的时间才能发生。当第一次看到它们时，你也许只是管中窥豹，但如果留心观察，你就能提前发现其发展的轨迹，而当它真正出现时你就能够影响它。

以下 8 种方法可以帮助你看到边缘正在发生的变化。

1. 确保公司制定战略的人员能够与处于一线的人员直接接触。
2. 解放思想，尽量从不同的角度思考未来。
3. 用审慎的决策过程制定决定性和不可逆转的决策（一型决策）；用小型的、敏捷的和授权的团队制定可逆的决策（二型决策）。

4. 最好在整个组织中培养有丰富学习经验的“小赌注”。
5. 与外界直接接触，即“走出办公大楼”。
6. 确保你的员工被激励去了解真实情况，而不是相信假话。
7. 当你的员工开始否认时，你要清醒地意识到这一点。
8. 让你自己和你的组织处于正在展开的未来之中。

你并不需要成为一名首席执行官才能看到一个拐点可能会如何发生。事实上，越接近能够使业务发生变化的外部趋势，才越有可能看到它。

第二章

早期预警

可能发生的灾难比实际发生的要多得多[1]。

——帕特里克·马伦，前景策略集团负责人

如果能够较早地识别到变化将至的微弱信号，那么你就能够提前准备，更好地利用即将到来的拐点带给你的机会。

当一个改变（有些人称之为10倍的改变）颠覆了商业模式所建立的基本假设时，拐点便出现了。当拐点闪亮登场时，我们就应该集中所有力量和精力，为迎接拐点发生后的世界做好准备。

本章关注的不是拐点出现之后发生了什么。确切地说，本章关注的是模糊的、混乱的、潜在的变化和威胁，以及在发现机会前兴奋的瞬间。这是一个令人困惑和沮丧的时期，此时人们可能会对环境变化的重要程度、后果、危险程度或价值等产生巨大的分歧，这些都是正常的。

对数字化抱怀疑态度的人

1995年2月，《新闻周刊》刊登了由克利福德·斯托尔撰写的文章《为什么网络不会是天堂》，非常滑稽地批判了早期的互联网炒作。文章写道：

> 有远见卓识的人看到了远程办公、互动图书馆和多媒体教室的未来。他们谈到了电话会议和虚拟社区，商业和贸易将从办公室和商场转向网络，数字网络的自由将使政府更加民主。
>
> 胡扯！我们的计算机专家缺乏常识吗？事实是，没有任何在线数据库可以取代纸质报刊，没有任何光盘可以取代称职的教师，没有任何计算机网络可以改变政府的工作方式……
>
> 电子出版物怎么样？试着在光盘上读一本书。往好了说，这是一件令人不快的苦差事：一台笨重的电脑和发出刺眼光线的屏幕取代了柔和的纸质书页，而且你无法带着笔记本电脑去海滩。然而，麻省理工学院媒体实验室主任尼葛洛庞帝预测，不久的将来我们可以直接通过互联网购买书籍和报纸。是的，他对此十分确定[2]。

2012年，《新闻周刊》这个曾经每期出版40个印刷版面的刊物破产了。而此前斯托尔认为，这种巨大的变化是永远不会发生的。

即便如此，看到一个转变即将到来也不总是意味着你应该立即对它进行投资。

举个例子。1995 年，亚马逊刚刚成立，斯托尔首次对互联网加以质疑。同年，研究人员进行了一项关于哪些类型的公司在使用互联网及其使用互联网的商业目的的研究。通过观察当时已经创建了网页的 300 余家公司，他们发现利用互联网进行商业活动是极其简单的。虽然一些受访者认为，随着技术的成熟，他们会紧跟热潮，但大多数人则同意以下这种观点：

> 销售业绩不佳，我们几乎无法支付网站的维护成本……我认为，至少在 20 年内[3]，互联网都不会成为电脑产品以外的商品的销售工具。

回想一下，1995 年的网上购物的体验与今天完全不同。即使在 1997 年，只有不到 40% 的美国家庭拥有电脑，只有不到 20% 的美国家庭接入了互联网，那时候的互联网接入主要还是通过美国在线公司提供的缓慢且经常出现故障的拨号上网服务。当时，美国在线公司按小时向用户收取上网费用。到 1996 年，该公司将收费方式改为每月 19.95 美元的流量无限使用。这种收费方式虽然减轻了用户使用流量的压力，但却造成了大量的网络拥堵。受到经常上不了网的困扰，许多客户最终放弃了这项服务。

在互联网应用的早期，很少有安全便捷的网上支付方式，电子商务的概念还没有成为主流。你甚至无法找到想要的商品。因为当时的搜索引擎使用的商业模式不同，其中有一些是按照搜索量付费的，这种方式限制了客户的兴趣和热情。提醒大家一下，在这些早期搜索引擎存在的时候，距离拥有广告支持、有效利用计算机算法且对用户免费的谷歌搜索引擎出现还有好几年。

直到 2000 年前后，高速持续的宽带上网才开始出现。直到 2007 年前后，一半的美国家庭才同时拥有电脑和宽带连接。当然，2007 年是值得注意的一年，因为这一年苹果发布了首款 iPhone，这相当于在每个人的口袋里都装入了宽带连接。

客观地讲，从传统零售商的角度来看，1995 年的互联网技术还不成熟，因此在该领域进行重大投资是鲁莽的。拐点慢慢到来的那段时间，是非常混乱的。尽管 2000 年美国在线和时代华纳的合并，让许多人焦虑地认为他们或许应该开始对互联网押下重注，但它的迅速解体又让许多人并不看好在互联网领域的巨大投资。过早地采取行动可能会让你后悔，因为你不一定能够利用好刚刚出现的拐点。

早期的互联网恰恰说明了拐点的不确定性。当它们刚出现的时候，尽管可以推测它们会变成什么样子，但在早期阶段，它们在某种程度上必然是不完整的。直到能够提供完整的解决方案时，生态系统才开始形成。以区块链为例，其技术目前正处于开发的初始阶段。虽然它可以为一些棘手的长期问题提供有效的解决方案，例如分布式建立信任，但全面部署区块链的体制框架还不完整。我们还没有对区块链成为主流的协议、标准或规则达成一致。但是，这并不意味着我们可以忽视它。这只是意味着我们需要发展一种观点，即如何使这项技术变得有用，以及在何时变得有用。

在我撰写本书时，很多人对于大数据、人工智能、虚拟现实、游戏化以及以许多其他创新为代表的拐点都非常感兴趣，但是这些拐点是不完整的。许多观察人士明确表示，这些技术永远不会取得任何实质性进展。除此之外，也有许多被夸大的潜在拐点，它们实际上什么都不是，例如无纸化办公、家用 3D（三维）电视、智能家电等。

2005 年前后，互联网已经从一个令人沮丧、混乱、无序的地方，变成了人们获取有用信息（如雅虎）、在线交易（如易趣网）、收发电子邮件（如美国在线）、获取社区分类信息（如克雷格网站）和购物（如亚马逊）的地方。互联网所激发的数字化和创造力已不再是一个全新的现象。

换句话说，当时，互联网会让不断壮大的信号越来越强，它让人们感受到重大变化所带来的显著威胁，极大地鼓舞了那些受此影响的人采取行动。本章的任务是探索信号变得明显和强烈之前的那个时期。当有众多信号显示潜在拐点即将出现时，从中挑选出实际上可以发挥作用的那个微弱信号着实是一项不小的挑战。

有趣的是，1995 年，比尔·盖茨出版了《未来之路》一书。书中写道："我们总是高估未来两年将发生的变化，却低估未来十年将发生的变化。不要让自己陷入无所作为[4]。"这里所说的实际上就是高德纳公司的"炒作周期"，在这个阶段，人们都在为新兴的事物发挥想象力，他们异常兴奋，但却不能在短期内做出任何改变。这反而导致人们逐渐忽略正在出现的转变，低估其重要性。虽然盖茨的确预见到了"信息高速公路"的出现，但具有讽刺意味的是，微软居然对互联网的出现感到意外，最终不得不处于守势。

2000 年，盖茨选择了公司的二号人物史蒂夫·鲍尔默接替他在微软的职位。尽管公司赢利能力很强，但是被誉为当代"创新大师"的史蒂夫·布兰克在谈到鲍尔默时代的微软时指出，该公司未能抓住 21 世纪五大最重要的技术趋势："在搜索领域，微软输给了谷歌；在智能手机领域，微软输给了苹果；在移动操作系统领域，微软输给了谷歌和苹果；在社交媒体领域，微软输给了苹果和网飞；在云计算领域，微软输给了亚马逊。在 20 世纪，微软拥有超过 95% 的电脑操作系统（几乎都在台式机上）。而仅仅经过 15 年的时间，在 20 亿部智能手机出货量的 21 世纪，微软的移动操作系统市场份额仅为 1%[5]。"

这些就是忽视其他竞争对手能够看到的即将出现拐点的微弱信号所带来的风险。

微弱的信号往往代表着战略机遇，你越早发现即将出现的拐点，就越容易制定出有效的应对战略。这就好像开车一样。当你可以看到前方很远的地方时，你通过微调方向盘就能调整前进轨迹。但是，当你发现拐点就在面前时，你需要猛打方向盘。换句话说，当你看到远处有障碍物时，你只需要轻微地转动方向盘。但是,当障碍突然出现在你的车前时,你必须迅速地、大幅度地转动方向盘。

滞后指标、同步指标和先行指标

许多经理人以数据驱动、执着于冰冷的数字、通晓事实为傲。我的一个朋友是印孚瑟斯公司的高管，他常说："我们相信上帝。每个人都带来了数据！"事实上，在许多组织中，准备无可挑剔的幻灯片、制作精良的电子表格和精确引用数据源占用了大量的管理时间。

不幸的是，这种执着于事实的偏好存在缺陷，因为事实往往是潜在重要事物的滞后指标。当你还在处理一个事实的时候，任何导致它出现的事情已经实实在在地发生了。

滞后指标

滞后指标是某项活动发生之后才出现的。我们在商业中使用最多的指标都是滞后指标，利润、收入、投资回报以及每股收益都是过去某个时间所做决策的滞后结果。

我工作过的许多公司都倾向于使用滞后指标来做出最重要的决定，这本身就会产生令人难以置信的盲点。尽管有研究表明，即使是会计数字这样看似清楚的指标也会受到个人偏好的影响，但是我们却深信数字是不会欺骗我们的。因此，我们在战略决策中一贯偏爱滞后指标，这是有问题的。当拐点带来新的现实时，已经有些晚了。

如果通过观察一段时间内那些冷冰冰的数字变化的模式，能够帮助你识别事物发展的趋势，那么那些数字就是有用的。然而，如果你想要了解未来和观察拐点前后，那么它们并不是特别有用。

常见的滞后指标包括：

- 营业利润率：在某个时间点的销售利润
- 税息折旧及摊销前利润：扣除利息、所得税、折旧、摊销之前的利润
- 收入/营业额：在一定时间内公司的收入总额
- 收入增长或下降：与前一个时期相比，收入的变化情况
- 净资产收益率：净收入除以产生净收入的资产
- 营业收入变动：与上一年相比，当前营业收入的变动情况

正如你所看到的，每一项指标都代表着一个结果。它反映了产生这个数字所采取的行动，但并没有说明需要怎么做才能让这个指标在未来发生变化。很多上市公司执着于公司季度报表中的这些指标，这让许多策略制定者和有长远考虑的人感到十分沮丧。在努力美化季度报表中的这些滞后指标的过程中，企业可能牺牲了能够帮助其长远发展的指标。

同步指标

同步指标提供有关当前状态的数据。许多实时系统之所以受到人们的欢迎，是因为你可以通过它们知道你当前所处的位置。这类似于电子地图软件，能够显示你的实时位置，并且为你预估到达目的地需要花费的时间。从传感监控装置到ERP（企业资源计划）系统，整个产业的建立都是为了回答“现在正在发生什么”。

许多同步指标都是基于某个特定时点上给定业务的成功秘诀。管理者十分在意这些指标，分析师受训研究这些指标，公司员工和团队领导关注这些指标。它们被想当然地认为是未来成功的驱动力。

例如，在传统的能源业务中，随着时间的推移，人们总结了许多基于集中式供电网络假设的关键指标。例如：

- 停电次数和平均持续时间：目前客户受到多大的

干扰？

- 用电部门：谁在消费用电，何时消费？
- 经营现金流：经营活动中产生了多少现金？
- 生产成本：生产能源的成本是多少？这些成本都来自哪些方面？
- 可用性因素：是否有足够的能力满足当前的能源需求？
- 资产利用率：使用资产的效率如何？

只要能源公司仍然受到基于网格和重点调节的能源使用安排上的主要约束，这些指标（关键绩效指标）就有存在的意义。然而，这些指标并不能告诉你该如何为能源行业的未来做好准备。本章接下来将会讲道，这些同步指标的作用是有限的，它们不能预见可再生能源的出现，它们不能预见能源将通过分散的方式产生并卖回给电网，它们不能预见电动汽车消耗能源可能产生的影响，它们不能预见由智能恒温控制器带来的消费变化，它们不能预见消费者在未来可以选择电力供应商并与其进行互动……

由于员工的绩效通常与这些同步指标的执行情况密切相关，因此他们无法将目光放长远，这一点儿都不足为奇。然而，在不断变化的环境中，这非常可能产生盲点。正如我所说的，拐点将会改变业务中想当然假设的关键指标，因此，仅仅关注同步指标并不会有多大帮助。

先行指标

与上述两种指标不同，先行指标表示业务中还不是事实的事物。它们有可能会导致后来的事实，但现在它们只是推测、猜想和假设。它们通常是定性的，而不是定量的。它们常常以叙述和故事的形式，而不是以细致的 PPT 图表来表述。出于这些原因，高管们在基于这些指标做重要决定时，往往很谨慎。在一个充满战略拐点的世界里，这可能是最愚蠢的做法，因为先行指标是关于未来想法的来源。

桑贾伊·普罗希特是印孚瑟斯公司的主要领导，在该公司从事规划工作十多年了，他花费了大量时间和精力，积极探索超越当前 KPI（关键绩效指标）的先行指标。他对我说：

> 我看到，一个组织当预见到拐点时，总是会积极主动地建立先行指标的模型……我寻找的是组织外的知识。我问自己："你如何与周围的人和事打交道？"我过去常常和销售人员在一起，和他们一起在市场中倾听，寻找线索，看他们是否看到了不便表达但却真实开始改变的东西……如果你愿意，你将处理大量的信号。我就花了很长时间来捕捉这些信号[6]。

普罗希特见证了印孚瑟斯公司经历的许多拐点。最近，他担任该公司旗下的 Edge Verve Systems 公司的创始人兼首席执行官，该公司旨在探索平台战略的前景，这并非印孚瑟斯公司的传统核心业务。这是对亚马逊网络服务、谷歌和其他日益强大的平台代表的早期警告所做出的直接回应。

先行指标与结果之间的关系

从表 2.1 中我们可以看出上述三种指标之间的关系。假设你想要了解的结果（事实）是客户流失，即在给定的时间段内有多少客户放弃了你的业务。仅仅知道这些信息，你很难知道该如何做才能减少客户流失。我们假设你通过调查发现，客户满意度和客户流失之间存在明显的相关性。因此，客户满意度可能是未来客户意向的一个近似指标。

表 2.1　三种指标之间的关系

滞后指标	同步指标	先行指标
客户流失	客户满意度	员工敬业度
员工流动	员工敬业度	管理有效性
新产品收入	客户使用	“客户的爱”

那么，客户满意度的基础又是什么呢？许多研究表明，员工满意度和员工敬业度[7]对客户满意度有着重要的影响。因此，员工敬业度就成了客户流失的主要影响指标，也是企业可以采取行动加以影响的因素。

例如，如果你试图理解影响员工流动的因素，你就可能会考虑员工敬业度指标，这是一个同步指标。不敬业的员工比敬业的员工更容易离开公司。因此，另一个重要指标是管理有效性。特别需要指出的是，团队的心理安全因素与员工敬业度和留在团队中的倾向高度相关。艾米·埃德蒙森多年前就发现了这一点。最近，谷歌的大量研究也再次证实了这一点[8]。

还有个例子是，萨蒂亚·纳德拉所采取的策略。2014 年，纳德拉接替史蒂夫·鲍尔默出任微软首席执行官。纳德拉没有继续专注于鲍尔默时代靠 Windows 驱动获得利润（史蒂夫·布兰克曾对此严厉批评），而是完全围绕先行指标构建自己的领导力。就像他在 2005 年的一次采访中说的："我们不再谈论那些以往标志着成功的滞后指标，如收入、利润等。我所看重的成功指标是什么？是客户的爱[9]。"

从本质上说，纳德拉是在进行一次豪赌。如果他能找到正确的先行指标，其他公司也会跟进。任职数年后，他使这个软件巨头成功转型，在技术领域获得了新的增长，甚至开始提供 Azure 云服务，使其足以与强大的亚马逊网络服务进行竞争。

这就引出了一个问题：如何在早期识别阶段，制定抓住潜在拐点的先行指标。

自由度与信号强度成反比

一家名为前景策略集团（原名为前景集团）的顾问公司，

创建了一个关于获取先行指标的有用的模型。该模型首先评估给定的关于未来的信息，并得出“信号强度”。

如图 2.1 所示，在早期阶段，信号是微弱的。信噪比非常高，此时采取任何重大战略行动都是错误的，因为当前仍然存在很大的不确定性。

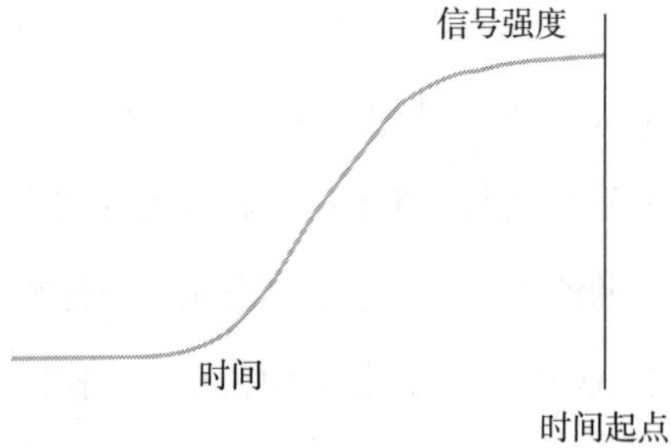

图 2.1　随着时间推移信号强度的变化

然而，信息是以非线性的方式收集的。因此，让我们回想一下 1995—2000 年，互联网对零售业（或其他任何行业）产生重大影响的信号非常嘈杂。一些人相信这种炒作，另一些人则不以为然。但是，互联网确实对现实世界产生了影响，在那段时间里，企业仍在具有缺陷的互联网生态系统（速度慢、价格贵的拨号上网，有限的带宽，少有盈利的商业模式等）中苦苦挣扎。2000 — 2005 年，最初的互联网泡沫破裂的幸存者才对此有所领悟。

此时，电子邮件已经变得司空见惯。快速、持续的宽带连接已经广泛覆盖。在相对较短的时间内，互联网确实给世界带来了巨大的变化，这样的信号是毋庸置疑的。你可以想象，2000—2005年，这样的信号强度快速增长。在那之后，人们可以很容易地看到数字化将会对任何可以通过数字化进行传输的商品消费产生重大影响。在图2.1中，从标明的“时间起点”开始，书籍、音乐和其他产品的数字化成为主流。

对战略家来说，做决策是两难的事情。因为我们希望在得到“时间起点”这种具体而明确的信息之后再做出决策，但此时做决策为时已晚。每个人都能清楚地看到“时间起点”所发生的变化，此时再做出决策早已丧失先机。你可以按照图2.2构建的模型来进行考虑。

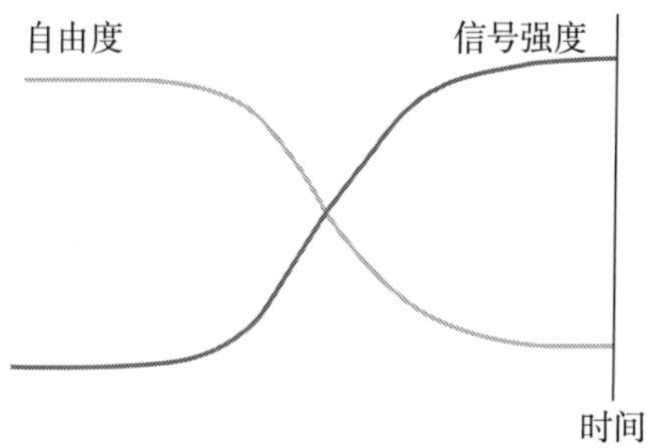

图 2.2　自由度与信号强度成反比关系

如图2.2所示，策略上的自由度和信号强度实际上是成反比的。生活中往往充斥着不公平，当你拥有最丰富、最值得信赖的信息时，往往是你最无力改变这些信息所代表的事实的时候。

这里有个重要的概念，即建立一个智能系统来检测早期预警。正如我们之前观察到的，当信噪比非常高的时候，你不希望实施，或者说不希望过早地实施重大的战略行动。当然，你也不想等到所有人都清楚地看到事实发生的时候再行动。相反，你需要一种方法，来获取被称为最佳预警期的信息。最佳预警期如图 2.3 所示。

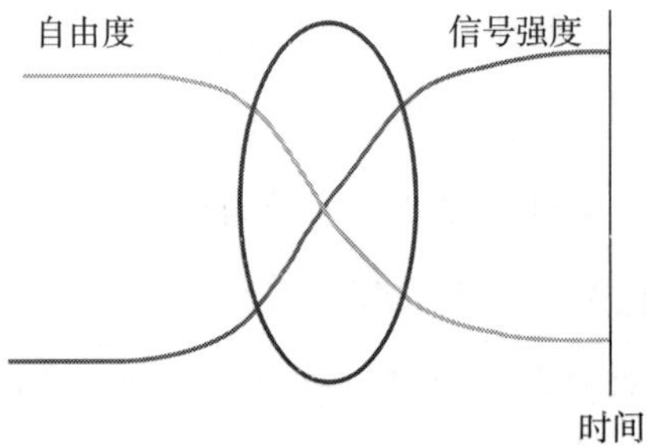

图 2.3 最佳预警期

我们可以据此来构建场景，去识别潜在的“时间起点”事件。

拓展你认为的未来——激发想象力

商业行为都基于特定的假设，大多数决策者将这些假设当作“事实”。拐点的出现往往否定了这些假设，领导者很难想象一个不同的世界。缺乏想象力，常常导致他们在策略上出现问题。

例如，回顾一下美国餐饮业从餐厅到外卖的转变。如今，一家餐厅出售的所有食物中，有 63% 实际上并不是在这家餐厅内吃的。这让许多餐厅老板感到惊讶，他们进入这个行业不仅仅是为了准备食物，也是为了给客人提供满意的用餐体验。一位餐厅老板感叹道："这是一个完全不同的行业。我干这一行不是为了把食物放进盒子里[10]。"

因此，为人们提供一些有效的方法，来丰富他们的想象力，这将是十分有用的。有些公司为此已经开始做前景规划了。

有许多关于先进的前景规划技术的优秀文献，其中包含一些关于如何预见未来[11]的优秀想法。因为我们的目的是识别未来可能发生的重大"时间起点"事件，所以没有必要进行复杂的场景模拟。相反，我们建议使用简单的 2×2 矩阵来描述未来的可能性，其中的每一个指标都应该与众不同，以便指向不同"时间起点"的结果。

在做这项工作时，要避免两个关键点：一是在想象的未来中，只有一件事会改变，其他事物却保持不变；二是只考虑线性变化。举一个我最喜欢的例子：在经典家庭喜剧动画片《杰森一家》中，充满了机器人仆人和会飞的汽车，但其中还描绘了根植于 1962 年的性别角色和工作安排！

1997 年，安迪·格鲁夫讨论了能够预示变化即将发生的指标，这是一个合理的出发点。他建议考虑三种未来的情形[12]。

1. 你的主要竞争对手即将改变，如果你只有一颗子弹，你会瞄准谁？
2. 你的主要合作伙伴即将改变，生态系统将会不同。

3. 管理层对外界正在发生的事情的掌控能力已经大大降低了。

举个例子。2017 年，我在一家传统的能源配送公司工作，对于这家公司来说，未来有两个主要的不确定性，即未来的需求和未来的配置能力。

首先，我惊讶地发现，出于种种原因，世界上很多地方的能源消费已经长时间处于低增长模式。这是一个转折点，然而许多人并没有看到，包括自负的通用电气。该公司出现了大规模的过度投资、业务亏损和裁员、管理人员流失，最终它从美国经营最好的公司之一的神坛上跌落。

此外，电力行业多年来一直使用的配电模式，即大型发电厂和分布式电力线路，正在向分布式网络（也称为分布式能源）发展。在这种模式下，电力不仅来自传统的发电厂，而且来自风能和太阳能等可再生资源，单一的传统方式已经过时了。此外，电池技术的发展对集中式电网构成了另一个威胁。在世界上许多地方，由于电网建设资金巨大且电力设备易被盗窃或损毁，所以建设电网不现实。加之目前有了先进的电池技术，能够由太阳能组件进行供电，虽然并不是全天都能进行供电，但是也比完全没有电要强得多。因此，电网对这些地方来说也并不是那么重要了。

利用这两个不确定性，我们考虑了如表 2.2 所示的场景。

表 2.2 集中和分散式网络对比

	集中电网占主导地位	使用太阳能和风能的分散式网络
需求极大增加	稳扎稳打——应当投资于大型发电和配电设备	智能电网的未来——技术和渠道极有可能占据主导地位
需求缓慢增加、持平或下降	效益优先——应当投资于规模较小、效率更高的能源系统	颠覆性浪潮——需要彻底重新思考产业经济

接下来，针对每个场景，我们提出一些对“时间起点”的考虑。“时间起点”事件应该是对未来某个特定结果的清晰表述，可以代表拐点发生的具体时点。在上述能源公司的例子中，“时间起点”事件可能如表 2.3 所示。

表 2.3 两种网络的时间起点对比

	集中电网占主导地位	使用太阳能和风能的分散式网络
需求极大增加	时间起点：80% 的产能由高端、昂贵的机器提供	时间起点：太阳能和风能技术占所有能源投资的 2/3
需求缓慢增加、持平或下降	时间起点：超过 50% 的电力由较小规模或改装设备提供	时间起点：50% 的电网成为能源生产和配送供需市场

在此过程中，可以添加你认为值得认真考虑的不确定因素，但是尽量不要太多，3~5 个即可。

“时间起点”事件

考虑不同的场景是十分重要的，因为这能够扩大你所预期的潜在未来的范围。下一步，对这些潜在的未来发出早期警告。通常情况下，我们可以提出这样的问题，在最终结果实现前的6个月、12个月或18个月，会发生什么？然后，创建影响该结果实现的可能指标。

基于上述例子，让我们以“时间起点”事件为例，即太阳能和风能技术占所有能源投资的2/3。

“时间起点”事件：太阳能和风能技术占所有能源投资的2/3

6个月前：

- 电池价格使得基于可再生能源的电网解决方案与传统能源供应同样具有成本效益；
- 新设备的订单处理管道与该事件一致。

12个月前：

- 资本预算分配将资源需求从传统技术转向可再生技术；
- 新的能源储存能力使大规模、低成本、高效能地储存可再生能源成为可能，从而消除了对传统峰值电厂（这类电厂只有在需求高时才会运行）的需求；
- 可再生能源与所谓的平价能源的价格是相同的；

· 开始实施关于分布式能源谁受益谁付款的法律制度。

18 个月前：

· 政府正在进行从传统能源市场向可再生能源市场的重大转型；
· 激励措施的变化有利于可再生能源，如投资税收抵免和生产税收抵免；
· 许多新人纷纷进入这个领域，无论是初创公司还是老牌公司；
· 煤炭等不可再生能源明显退出。

如今：

· 预计太阳能和风能投资将增加，未来几年，可再生能源投资将占所有能源投资的 2/3；
· 预计需求将快速增长；
· 预计效率将迅速提高，因此无须增加投资即可满足需求；
· 将出现大量关于分布式能源谁付款谁受益的法律纠纷。

创建了上述指标之后，接下来是两个关键操作。第一，让某人时刻关注新兴的“时间起点”事件，并让每个有潜力发现相关信息的人知道这个人是谁。因为，我发现，在那些不能及时发现变化正在发生的公司里，人们并不缺乏关于正在发生变化的事物的知识，只是没有人去全面地理解它。

指定一个人来关注特定的未来事件，能够使组织中的所有知识朝同一方向汇聚。记住，将非管理层员工的反馈整合进来是十分重要的。要从外界获取有关这些正在变化的事件的信息和看法。

其次，在管理层会议中增加相关议题，更新团队成员对这些早期警告的知识。应及时跟踪和定期更新关于早期预警的指标。定期回顾相关信息，并根据新的信息及时调整场景和“时间起点”事件。通过这种做法，能够创建一个学习记录，帮助人们记起为什么在那个时间做出那样的决定。这样做有助于检验之前对于可能发生变化的事物所做的假设。

在这些会议上，挑战根深蒂固的正统观念的数据，必须与支持传统观念的信息一起提交，这一点至关重要。否则，这种努力就是在浪费时间，因为人们总是基于现有的假设做生意。

学校要被淘汰了吗

让我们再举一个例子，这个行业可能会在某种程度上受到数字革命的冲击。

现有的教育体系[13]本该遭到彻底破坏。但是，它却如此顽固，为何？因为你仍然很难向别人证明你所知道的。因此，你无法击败那些受人尊敬的教育机构所颁发的文凭。

但是如果我们可以只有文凭而没有学位呢？例如音乐行业。当音乐开始以单独的歌曲而非整张专辑的形式出售（或者盗用）时，这种拆分售卖的方式，以及流媒体服务和现场表演的日益流行，为这个传统行业创造了重要的转折点。想象一下，如果类似的事情发生在高等教育领域，当文凭只是作为一种技能的证明，而不是学历，那会是什么情形呢？

高等教育：姗姗来迟的拐点的早期预警

关于教育崩塌的预言由来已久，很多专家预测电影、广播、电视、计算机以及互联网将会颠覆现有的教育模式。有些人甚至说电影将完全取代教育。

许多决策者看到了互联网的出现对高等教育模式所构成的威胁。在 2000 年，法通公司试图成为互联网上 [14] 第一家在线教育平台，很不幸，它以失败告终。而现在，我们有了大量的在线课程，数百万人涌向优达学城、课程时代和 EDX 等平台进行学习。还有更多的人经常从视频网站 YouTube 上免费获取知识，该网站有超过 40 万种不同的课程 [15]。

然而，尽管大量的在线课程很受欢迎，但它们尚不能引发一个可能使高等教育体系崩塌的拐点。如何让这些学习经历与个人息息相关？如何通过这些在线课程赚钱？学生应该获得什么样的证书？在线教育平台依旧在这些问题上苦苦挣扎。

学历膨胀

大学学位很可能是介于传统教育模式与重大颠覆之间的最后一堵墙。其中一个原因纯粹是懒惰。企业在招聘员工时，往往将限定学位作为筛选求职者的一条捷径。想要减少收件箱里的简历数量吗？那很容易，将获取某种证书设置为必要条件，例如必须取得学士学位。一下子，求职者的人数就会少很多。事实上，根据美国劳工统计局的统计数据，目前 21% 的工作都需要四年本科学历[16]作为入职门槛。

虽然将学历作为入职门槛确实会让人力资源部门省事不少，但它也带来了让人意想不到的负面影响。它淘汰了多达 83% 的拉丁裔候选人和多达 80% 的非洲裔候选人。这让企业错失了很多天才。

哈佛大学的约瑟夫·富勒和孟佳瑞·拉曼对所谓的“学历膨胀”进行了估算。通过对 2 600 万个招聘启事进行详尽的分析，他们发现：

> “学历差距”是巨大的，即招聘启事中对大学学历的需求与目前从事该工作的拥有大学学历的员工之间的差异巨大。例如，在 2015 年，67% 的生产主管职位招聘

> 中要求应聘者须有本科学历，而当时在职的生产主管中只有16%具备本科学历。分析表明，目前有超过600万个工作岗位面临学历膨胀的风险。[17]

此外，本科学历已经成为找到好工作的必要门槛，这是一个恶性循环。学生们发现自己承担了沉重的教育贷款，反过来雇主雇用他们的成本也更高。

关于教育贷款偿还的经济学原理表明，就雇主愿意支付的价格而言，少数求职者愿意从事富勒和拉曼所谓的“中等技能”工作，例如主管、支持专员、销售代表、检测人员、文职人员、秘书和行政助理等。这类职位很难招到人，以致公司缺少发展所需的员工，求职者也无法获得可能让他们开始中产阶级生活的机会。正如富勒和拉曼所指出的那样，实际上，雇主正在把2/3没有本科学历的美国人拒于门外。

没有大学文凭的人并不是缺乏努力。《纽约时报》报道，44%的高中毕业生直接进入了大学，但只有不到一半的人能够在4年内[18]获得学历。但是，大学学费并没有因此而减少。最近一项研究发现，1985—2011年，美国大学的学费上涨了498%，这几乎是全体居民消费价格指数[19]的4倍。2017年，美国学生贷款总额达1.3万亿美元，是10年前[20]的2.5倍多。

要么上大学，要么无路可走[21]

让没有学历但适合工作岗位的求职者与不需要学历的工作相匹配是十分困难的，为此，美国人正在寻找其他解决方案，比如学徒制。例如，在瑞士，70% 完成九年级学业的学生会选择职业教育。2017 年，《纽约时报》报道：“从 10 年级开始，学生在雇主、行业组织和学校之间轮换，接受 3~4 年的培训和指导。他们一边学习一边实践，而且能获得报酬。瑞士年轻人的失业率是欧洲最低的，大约是美国的 1/4。”相比之下，在美国，“大多数学生面临的选择却是要么上大学，要么无路可走”。

在瑞士的教育体系中，人们认为参加职业培训与进行本科教育都可以使人过上好的生活，而大学只是为那些要从事法律、医药或会计等行业的人，提供先进的课堂教学的地方。

在很多美国教育体系中的学生并没有得到很好的服务。他们中很多人背负着难以偿还的债务。雇主们也找不到他们需要的员工。数以百万计的人没有机会充分发挥他们的才能。而造成这一切的原因是，我们一直在用学历衡量那些我们关心的东西，例如软技能、优秀的写作能力以及科研能力等。

为何要回顾当前教育所面临的问题

当一个系统存在严重的不足时，拐点就有肥沃的土壤可以生根。我认为，另一种形式的资格认证，正在获得越来越多的关注。这些资格认证是对于实际技能水平的认证，而不是学历水平的认证。

这种需求绝对存在。大量在线资源和个人学习工具的出现，催生了对另一种水平认证系统[22]的极大需求。人们已经开始用大量的网上徽章和认证证书来补充他们的传统成绩单。虽然这些东西存在已久，但它们可能会取代传统学位的观点还是备受质疑[23]。

然而，这种情况正在慢慢发生改变。领英公司内部人士最近对知识学习和发展专家进行的调查显示，传统模式正在逐渐弱化。60%的受访者认为，雇主们正在走向技能导向的招聘方向，也就是说，他们在招聘员工时越来越看重他们能做什么，而不是看重他们的学历和教育背景。57%的受访者表示，他们认为雇主将更加重视非传统文凭。有一名受访者甚至说："传统文凭令人生厌[24]。"

如今，支持这种替代文凭的商业模式开始出现。作为领先的高等教育业务提供商，培生公司拥有一整套业务方案，致力于帮助院校开发传统学位的替代品。该公司在了解相关需求的基础上，积极与院校合作将替代方案纳入其课程。这种融合开发的趋势正在不断加强。培生公司的认证平台也正在与各公司进行合作，为他们的员工[25]提供企业认可的证书。

Degree是一家提供职业教育服务的初创公司，该公司也在通过认证人才技能开发自己的业务。它的业务涉及变革管理、公开演讲、HTM（超文本标记语言）编码等领域，完成相应的课程后，该公司会给学员颁发一个证书，证明学员已经通过了该研究领域专家的严格评估。它还能够提供证明，表明该学员在学习过程中对于这项技能的掌握程度。

2016 年，普渡大学推出了另一个可能颠覆传统教育模式的创新项目，它被称为收入分享协议（ISA）。在该协议中，学校免收学费或提供大量补贴，学生需要承诺用未来收入的一部分作为交换。尽管这种做法存在争议，但该项目却吸引了越来越多的关注。这表明，现有的教育模式对很多利益相关者来说效果不佳。

大学怎么样了

如今，高等教育机构，特别是一些大的研究型大学[26]的现状，让我想起了综合性炼钢企业的状况——它们受到小型炼钢厂的强烈冲击。当然，克莱顿·克里斯坦森早就提出了这个问题，并在《创新者的课堂》[27]一书中发表了自己的观点。

与综合炼钢企业一样，高等教育存在的经济学意义在于，学生别无选择。美国的学生认为，为了获得今后的工作机会，他们只能上大学，除此之外没有别的选择。这就好像钢铁的消费者，除了从综合炼钢企业那里购买钢材外，几乎没有其他选择。学生必须参加各种各样的课程，有些课程是必须参加的，不管他们是否对此感兴趣。

教授不会因为成为优秀的导师而受到奖励，只会因为其卓越的研发能力而获得奖励。许多机构的教授对于教学相当厌恶。例如，在商学院的研究方面，乔治敦大学的迈克尔·哈蒙写了一篇文章，这篇文章的题目很有趣，叫作“商业研究与中国爱国主义诗歌：竞争如何扭曲美国商学院的研究与教学之间的优先权”。文中，他猛烈地批评了商学院的学术研究已经成为一项业务，称这抹杀了科研能力与促进任何值得称颂的社会、实践或知识价值[28]之间的联系。最近，我的同事史蒂夫·丹宁正在批评商学院向学生提供过时的课程[29]。

通常情况下，当一个系统不能为其成员创造结果时，它就无法继续维系下去。然而，高等教育系统却因为把控着重要的文凭，而不至于崩盘。

小型炼钢厂在钢铁市场往往是从“低端”起步的，它们为那些最缺乏吸引力、对价格最敏感的客户提供质量最差的钢材。提供资格证书的小机构也是一样，它们从教育市场的“低端”起步，提供训练营、在线课程和短期培训等业务。但是，我们可以预测，就像小型炼钢厂一样，这些机构的培训质量、影响范围和市场准入都将会提高。而且，随着时间的推移，它们对现有机构的影响将会越来越大。

随着这些机构对越来越多的大学产生影响，接下来可能会出现以下几种结果。

一是基于科研型的教师资源和相应的激励机制越来越少，

慢慢变为所谓的“名师”模式。学校已经越来越多地[30]邀请客座教师进行授课，因此，学校更需要受欢迎的导师，而不是那些专注于学术的导师。

二是大学的品牌很可能变得不如个别超级明星教授的品牌。在未来，相比拥有哈佛大学或伦敦商学院的学位，拥有一份能证明你完成了克里斯坦森的颠覆性课程或琳达·格拉顿的组织设计课程的证书，可能对你的求职更有帮助。

三是对教育机构的排名和认证有可能变为对个别课程模块或项目的排名。因此，记者和观察人士可能不会对“最好的商学院”进行排名，转而对个别教育项目进行排名。管理领域思想家 50 强排行榜已经证明了这一点。该组织评选出对管理领域产生重大影响的思想家并进行排名，为其颁发特定的杰出成就奖。值得注意的是，该奖项针对的是思想家个人，而不是他们所在的机构。

把握微弱的信号

上面对高等教育文凭制度的发展状况进行了简要概述，也阐述了本书的几个主要观点。第一，悬而未决的拐点往往需要很长时间才能产生影响。第二，尽管观察人士经常预测到这种重大变化，但实际上可能需要一段相当长的时间才能形成一个完整的生态系统，以一种意义深远的方式彻底打破现状。第三，就像命运多舛的法通公司一样，过早的行动虽然很诱人，但是结果往往很糟糕。

不可改变之事

虽然我们周围时刻发生着各种不知不觉的变化，但是当考虑策略时，你也应该考虑有哪些事物是不会发生变化的。

回到刚才讨论的高等教育变革，我们知道，高等教育体系是不可能消失的，这也不是我们希望看到的。文科教育仍然有其作用，许多受过高等教育的人也怀着极大的热忱来回顾大学期间的学习经历。更有可能发生的是，最终会出现更加可信的证书来替代学历证明，刚开始可能仅仅是针对那些容易衡量的技能，如编码技术，但最终这些证书将针对更高级的技能，如创新能力和沟通技能。我乐观地认为，这将为那些准备做出贡献的人提供机会，但对他们来说，四年的本科学习是无法实现的，也是不可取的。

引用亚马逊的杰夫·贝索斯的话来说："很难想象10年后的未来，一个客户走过来对我说，'杰夫，我爱亚马逊，我只希望价格再高一点'或者'我爱亚马逊，我只希望邮递商品的速度慢一点'。这是不可能的[31]。"他的观点是，如果你知道某件事从长远来看是正确的，你就必须努力去实现它。

我将在本书后面详细地介绍这种思维方式。简单地说，那些不会改变的事情就是我们所谓的“做好客户的工作”。换句话说，人类的需求和偏好非常稳定，只是满足这些需求的技术在不断发生变化。从烽火台到书面信件，到快马邮递，到电报，到固定电话，再到今天的智能手机，远距离传送信息的“工作”几乎没有任何变化，但是我们完成这项工作的能力已经完全改变了。

这是一种强大的洞察力，这是经历拐点的关键，经过拐点后这种洞察力将更加强大。

关键点

当一个改变（有些人称之为 10 倍的改变）颠覆了企业赖以生存的假设时，就会出现一个拐点。然而管理者很难发现这些变化的提示，因为他们认为这些变化是理所当然的。

在拐点的早期阶段，很难看到潜在的影响，因为此时制定的解决方案尚不完美。在这个阶段，变化只影响系统的某些部分。此时进行巨大的投资是极其错误的。

任何企业都有三种指标。滞后指标提供了已经发生且无法改变的信息。同步指标基于对当前业务运行的假设，提供关于正在发生的事情的信息，这可能会产生盲点。先行指标对于发现即将到来的拐点是最为关键的，但它们也是最难以理解的，因为它们通常是定性的和突然出现的。

你需要处理的信息的质量与你做出改变的能力成反比。

可以通过创造一个代表未来可能要发生的重要事件的“时间起点”事件，来提升你做出决定的信心。然后倒推过去，看看何如预测这种“时间起点”事件。

通过把一些关键的不确定性简单地放在一起，可以清楚地说明截然不同的“时间起点”事件，这些事件可以成为管理团队要解决的关键问题。分配时间来做这项工作是至关重要的，但这项工作经常被人们忽视，从而导致战略盲点。

第三章

注意微弱信号：定义你的竞技场

（公司增长停滞）因为他们一直以来所深信的东西已经失去了价值。基本上，他们所知道的已经不再是真的了[1]。

——马修·奥尔森、德里克·万·比弗、赛斯·弗里

第三章开头上面这段话引自一项关于消极拐点的研究，进行该研究的马修·奥尔森、德里克·万·比弗和赛斯·弗里称其为“增长停滞”，他们指出了曾经成功的公司收入突然停止增长的一个最重要的原因。换句话说，环境已经发生变化，但是公司领导对其关键战略要素所做的假设并没有做出相应的调整，例如它们的客户、被满足的需求、竞争环境等。

关于成功的想当然的假设可能是危险的

外界环境处于不断变化中，当组织曾经的成功因素和它所处的环境越来越不匹配时，最终会导致组织的业绩急剧下降，甚至使组织走向消亡。奥尔森、比弗和弗里还发现，收入下降并不是一个渐进的过程。正如我们在这里探讨的理论所表明的那样，一个消极的拐点可能会导致业绩突然下降。

在《竞争优势的终结》一书中，我提出了几个表明优势可能正在下降的早期预警信号。你认为你所在的组织中的领导可能会同意其中的哪些呢？

- 我不买自己公司的产品或服务。
- 我们的投资水平高于过去或者与过去持平，但是并没有获得利润的增长。
- 客户正在寻找更便宜或更简单的解决方案，而且这些解决方案“足够好”。
- 竞争正在我们始料不及的地方出现。
- 客户不再对我们提供的服务感到兴奋。
- 我们想要雇用的人并不认为我们是最佳的归宿。
- 我们的一些最优秀的员工正准备离开。
- 我们的股票一直被低估。
- 我们的技术人员（比如科学家和工程师）预测，一项新技术将改变我们的业务。
- 我们不是猎头寻找人才的目标。
- 增长趋势已经放缓或逆转。
- 在过去两年中，成功推向市场的创新很少。
- 公司正在削减员工福利，或将更多风险转嫁给员工。
- 管理层否认潜在坏消息[2]的重要性。

最后，我们将讨论组织对于每个环节所具备属性的部署能力。你可以将这种能力看作被转换为可以被不同的参与者感知的相关属性。这些能力可以被认为是传统的观念，如价值链，或“为了向市场[3]提供有价值的产品或服务而从事的一系列活动”。价值链不同，其产生的属性也不同，许多传统的战略思想都源自这种理解（见表 3.1）。

表 3.1　传统观念中的“价值链”

	基础的——利益相关者认为具有该属性是理所当然的	有差别的——不同的属性决定了不同的解决方案	激励的——该属性对利益相关者具有强大的情感影响
利益相关者认为是积极的	不可协商的——利益相关者对所有供应商都有所期待（如房间中干净整洁的床）	差异化的——利益相关者看得到供应商之间的差异（W 酒店有嘻哈音乐，而万豪酒店没有）	激动人心的——利益相关者有着强烈的积极反应（万豪酒店为商务旅行者独创的万怡酒店）
利益相关者认为是消极的	尚可的——利益相关者为了获得利益而接受（如价格）	不满意的——利益相关者认为不该如此，不同利益相关者有所差别（如离店结算需要长时间等待）	愤怒的——利益相关者永远不再住这家酒店（没有免费无线网络）
利益相关者持中立态度	中立的——不是所有利益相关者对此都关心（如房间里的电视）	对比的——利益相关者可能凭经验来看待而非实际的服务（如忠诚卡计划）	不存在

处理这些因素的目的，是让你意识到它们对你的业务产生潜在影响的可能性，这些可能性十分重要，即使你看不到它们。此外，我建议你在考虑策略时，能够参考一下思维设计手册。

蒂姆·布朗和罗杰·马丁在《行动设计》[4]一文中，很好地描述了应该如何制定策略。特别是，提出多种可能的策略并对它们进行仔细对比分析将非常有效，请不要按照现有策略按部就班地工作（见表 3.2）。

表 3.2 多种策略对比分析表

	当前的假设	潜在的变化	未来的可能性
资源池			
竞争者			
利益相关者及其所要完成的最重要的工作			
提供这些工作的消费链			
利益相关者的经验			
组织的能力和资产			

该流程应该与策略开发流程迭代使用。

可以这样描述可能导致拐点的变化：

1. 它们可以改变正在竞争的资源池；
2. 它们可以改变那些试图从这些资源中分一杯羹的竞争者；
3. 它们可以改变竞争状况；
4. 它们可以出于参与者的考虑，让一个任务遭到另一个任务的挤压，或者减少完成该任务的可用资源；
5. 它们可以有效地改变消费体验；

6. 它们可能导致某些属性比其他属性更具价值或更不具价值；
7. 它们可以改变嵌入价值链的相关功能；
8. 它们可以改变所在领域的每一个元素。

日益萎缩的剃须行业：一个消极的变化

让我们以宝洁公司的吉列品牌为例，看看当前男性剃须领域的水平。

剃须行业的基本情况是，多年来，宝洁公司的吉列品牌一直占据着主导地位。为了开发出更好、更具价格优势的产品，该公司投入大量资源进行研发。例如，他们出售的剃须刀有多个刀片，声称这样可以产生更好的剃须效果。由于剃须刀价格昂贵（我称之为“商店扒手的猫薄荷”），许多零售店都要将其放进带锁的售货柜（我称之为“剃须刀堡垒”）妥善保管，消费者必须找到一名零售服务员才能打开售货柜。这导致人们逛商店的时候经常忘记购买剃须刀。

2010—2011 年剃须行业爆发了新的竞争，一方面是由数字化造成的，如优兔、脸书、亚马逊等网络服务，另一方面是由新一代客户对刮胡子的必要性的态度转变造成的，这些竞争都给吉列的商业模式带来了冲击。一美元刮胡俱乐部和哈里斯等初创公司探索了一种直接面向消费者的模式，以定制方式提供较便宜的刮胡刀片。吉列在男性剃须领域的市场份额从 70% 下降到 54%。更糟糕的是，随着人们对脱毛态度的转变及其重要性的下降[5]，整个行业似乎注定要缩小。

使用之前描述的框架对该领域进行分析，会是什么样呢？让我们试一试（见表 3.3）。

表 3.3 用不同策略对比分析剃须行业

	当前的假设	潜在的变化	未来的可能性
资源池	男士在个人打扮，尤其是刮胡子上的花费	社会变迁使得日常剃须对年轻一代不再那么重要；愿意留胡子；对价格更敏感	用于整个脱毛领域的资源可能减少
竞争者	吉列占 70% 的市场份额；舒适占 20% 的市场份额；其他品牌所占的市场份额很小	数字化能够创造直接面向消费者的市场	即使在一个萎缩的市场，竞争也会激增
利益相关者及其所要完成的最重要的工作	三种类型的剃须刀：仪式感型——高质量地完成工作；不情愿型——快速而廉价地完成工作；审美型——注重外观和情感	对于许多男性来说，剃须本身就失去了意义，因为他们更喜欢另一种外表，这项工作的重要性正在下降	考虑更有效率地经营小公司；或者想办法开拓市场以满足更多的需求
提供这些工作的消费链	通过零售渠道销售	数字平台使其他渠道成为可能	直接面向消费者变得流行起来

续表

	当前的假设	潜在的变化	未来的可能性
利益相关者的经验	+ 像样的剃须刀 – “剃须刀堡垒” – 费用区别？ 更多的刀片 = 更好？	吉列的差异化来源已经受到侵蚀； 男人们正在寻找其他足够好的剃须刀； 由少数制造商进行全球剃须刀供应	增加更多的刀片并不能更出众； 可能需要一个真正颠覆性的策略
组织的能力和资产	零售渠道在研发和营销关系上都投入了大量资金	可能需要改变组合	做一个控制成本的卖家

拐点发生之后，吉列采取了两种应对方式。一方面，采取守势，即降低剃须刀的价格，以使其产品与初创公司的产品相比更具竞争力。另一方面，采取攻势，通过吉列的线上服务平台与用户建立直接关系。它还推出了定制剃须刀项目，用户可以通过使用 3D 打印手柄，个性化其剃须设备。该公司还积极探索减少剃须刀销售环节的方法。例如，用户现在可以通过发送短信的方式订购刀片，公司会直接送货上门。尽管如此，吉列在剃须刀市场占据主导地位的舒服日子似乎一去不复返了。

一项工作取代另一项工作：以服装业为例

在超社会化和超互联时代，致力于青少年的服装供应商非常可怜。这些青少年热衷于通过电子设备与外界沟通联系，除此之外其他任何东西对他们几乎都没有这么大的吸引力。事实上，一些心理学家、观察家和市场营销者已经把他们对数字设备的热爱称为“上瘾”[6]。

在这种情况下，美国青少年可自由支配的家庭消费就成了争夺焦点。这通常涉及那些负责家庭预算的人（青少年和他们的父母）决定在一段时间内把钱花在什么地方。他们需要完成的工作是去商场或网店购买工作或娱乐的衣服、放在衣柜中的衣服以及参加特殊场合穿的衣服等。为满足这些需求，线上和线下的商家整合消费链，为顾客提供各种各样的服装。大多数利益相关者关心的是与服装风格和流行趋势等相关的方面，而不关心客户体验。参与这个市场所需要的能力是由各种类型的零售商在几十年的时间里积累起来的，这种能力通常基于传统的限制（比如重新设计款式或供货需要多长时间）。

到目前为止，一切顺利。2007 年，手机革命的到来（即 iPhone 的推出和安卓系统的商业化），使家庭预算者要做的工作的顺序发生了巨大的变化。那时，社交媒体已经站稳了脚跟，人们相互交流的愿望也已根深蒂固，这不仅给了青少年交流的理由，而且还给了他们交流的技术支持。在某种程度上，相互交流的工作已经取代了买衣服的工作。这并不是说人们不再购买衣服，而是人们在对工作层次结构的认识中，相互交流的重要性显著增加了。

这种情况的发生，使原本用于购买服装的资源可能被重新分配。这进而意味着，一个完全不同的消费链条与购买者的关系变得更加紧密，从而改变了他们渴望获得的属性，打包提供传统零售产品的能力就变得不那么重要了。于是，拐点出现了。

预测所在领域中的变化

回想起来，这一切都很好。可问题是，我们如何才能预见即将到来的拐点？

正如我说过的，当发生了某种变化，且这种变化能够改变已有业务的关键指标或创建出新的关键指标时，那么这个领域即将出现拐点。

以美国青少年为例。2007 年，也就是 iPhone 问世的那一年，市场研究人员发现，青少年自身的消费力约为 800 亿美元，而他们的父母在食品、娱乐、服装和个人护理等其他方面的花费是 1 100 亿美元。如果这其中有贵公司所依赖的关键资源，那么你可能希望了解这些支出会转移到何处。

零售商关注的一个关键指标是至关重要的“返校季”。正如一位观察人士所言，“商店和零售业务赖以生存的商业模式，根源在于关键的盈利期[7]”。许多零售商所做的假设始终摆脱不了传统的衡量标准，比如每平方英尺[①]的销售额、不同时期同一家商店的销售额比较。大多数零售商被这些传统的标准所束缚，以至于看不到来自互联网的威胁正在逼近。

① 1 英尺约为 0.305 米。——编者注

然而，早在 2007 年，研究人员就指出，互联网，尤其是社交媒体，极大地影响了青少年的生活方式。他们发现，青少年正在把他们传递友谊的行为（在家里打电话、出去玩）转移到社交网站和互联网上[8]。《华盛顿邮报》一篇关于青少年购物习惯的报道发现，即使是在实体店购物时，青少年也经常通过使用手机与朋友联系来获得购买建议[9]。在该报道中，一位青少年这样描述服装的“工作”，她认为，原先，服装的“工作”是把她介绍给周围的人。她说：“我想让他们知道我是谁，我为此感到自豪。”奇怪的是，如今，服装本来应该为她做的这项工作却被通信技术轻而易举地取代了。

2014 年，青少年与服装的关系以及他们购买服装的体验发生了显著变化。《华尔街日报》分析，很明显，一个重大的转变已经到来[10]。事实上，《华尔街日报》于 2014 年发表了一篇题为“爱网络胜过爱美丽”的文章，其中描述了青少年的一种态度，这种态度让任何以青少年为销售目标的零售商感到恐惧。

> 16 岁的奥利维亚·达米科来自纽约，她和姐姐以及朋友在逛霍利斯特品牌店时说：“服装对我来说已经不再那么重要了，已经有很长一段时间，我真的不买任何品牌的服装。我刚买了一双高仿的马丁靴，因为我觉得（是否为正品）真的无所谓。”她说，她可能会在科技上花更多的钱，因为她喜欢“保持联系”[11]。

一位零售分析师试图与他的青少年听众就即将到来的时尚趋势展开对话，他沮丧地说："当你试图让他们谈论下一个流行款式是什么，他们对购买服装有什么兴趣时，他们的话题总是回到 iPhone 6 上。当你想跟他们讨论一下露脐上衣或者高腰裤时，同样，话题总是又会转回到 iPhone 6 上。"

与服装相似，研究人员在试图了解青少年消费模式时发现，青少年在食品上的花费增加了。研究结果表明，青少年购买食物（如麦当劳），仅仅是为了使用店里的免费无线网，也就是说还是与手机相关。

从零售商的角度来看，对青少年来说最重要的可能是沟通的内容。事实证明，像 Instagram、脸书以及推特等网站，都是青少年上传照片的地方。如果在每一张照片中都穿着同样的衣服，这显然很逊。

这种趋势甚至对时装周和传统时装秀等时尚活动也产生了影响。随着电视台在全球范围内播放时尚 T 台秀，潜在的购买者会发现，这些衣服在商店里销售时已经"过时"了。我们称之为"产品疲劳"。这种感觉是这样的：

> 最近，内曼·马库斯的时尚总监肯·唐宁说，他向一位客户展示了一件价值 1.1 万美元的刚刚到货的刺绣夹克，结果该客户皱起眉头说："你们没有什么新货吗？"唐宁说："这是前一天送来的。"但事实上，这件夹克去

年10月就开始在网上售卖了[12]。

因此，让我们了解一下，这些相互关联的发展动向对青少年商品零售商的关键指标的影响。首先，我们有一个日益成熟的电子商务生态系统，在这个系统中，潜在客户希望不仅能够通过网络，而且能够用手机，购买他们想要的任何东西。他们还希望，无论是在线上还是在线下，都能获得相同的品牌体验。其次，电子设备的普及度非常高，大多数目标客户都可以使用它们。最后，随着社交媒体的兴起，越来越多的人重视在网上展示自己，这使穿着同款服装不再像以前那么受欢迎。总而言之，这个拐点对传统零售商来说似乎是个坏消息。

在拐点的光辉下繁荣

与所有的拐点一样，那些在青少年服装的拐点中处于有利地位的人可以得到极大的利益。Zara（飒拉）等品牌的母公司印地纺集团，是快时尚的鼻祖。它的商业模式对服装零售业的传统假设提出了巨大挑战。Zara不再按照季节设计服装，而是将设计的制作和分发变成一个持续不断的过程，并从顾客的反馈信息中获取灵感。印地纺集团没有把大量资金花在广告上，而是把资金花在了店铺的选址上，它竭力把店铺开在与其他昂贵得多的设计师品牌所在的同一街区上。Zara没有聘请昂贵的设计师，而是或多或少地照搬照抄，利用与顾客的深厚联系提出修改建议。

早在 2015 年，分析人士就指出，尽管传统服装行业[13]低迷不振，但快时尚的供应商们仍在享受强劲的增长。

随着传统购物季的消失、习惯性预测和库存惯例的颠覆以及消费者成为各种商品的“全渠道”消费者，快时尚服装公司印地纺、H&M 以及新进的 Forever 21 等蓬勃发展。同样，售鞋网站 Zappos 在 2000—2010 年快速成长，营业收入达到 10 亿美元，2009 年被亚马逊以 12 亿美元的价格收购。2017 年上半年，亚马逊的鞋类销售增速超过了 2016 年美国鞋类销售的整体增速[14]。

新的关键指标，例如每个客户获得的美元，在这个变化的环境中极有可能变得十分重要。

另外，还有一些初创公司，比如 ASOS、Boohoo 和 Missguided 等让时尚变得更快，甚至让 Zara 停下脚步。它们通过社会媒体与消费者沟通交流，来把握最新流行趋势，使用当地资源缩短商品周期，有时从设计、生产到交付只需要一天甚至几个小时。

新能源专业角逐新能源领域

基于领域的分析也可以应用于非消费者业务。挪威国家石油公司是挪威政府持有多数股权的石油和天然气公司，该公司在保留其能源领域的地位的同时，正在进行一场重大转型。它正在跨越的拐点包括向低碳未来的转变、向分散能源体系的转变以及向绿色环保能源的转变。该公司清醒地认识到，未来人类的能源需求将不断增加，而非减少。公司对这种转变的态度坚定而彻底，甚至将名称改为 Equinor，完全放弃了“石油”的标签，因为这个标签对该公司来说已成为一种负担。

报道称，“这家石油和天然气公司表示，更名是去年决定转型成为一家泛能源公司后的自然步骤，该公司计划到 2030 年将每年资本支出的 15%~20% 投资于‘新能源解决方案’，重点是海上风力发电[15]”。

该报道还称，挪威公司 Evidente 通过 KarriereStart.no. 网站进行的一项调查显示，2013 年，该公司被评为挪威大学毕业生最理想的雇主，而到了 2018 年，该公司的排名已经降至第 15 位。这表明年轻人对该公司对气候变化产生的影响感到不安，并希望彻底放弃从事石化燃料行业的工作。

关键点

考虑一下你是否需要重新审视对公司的假设，回顾一下优势消失的警告信号。

通过询问你的业务当前所依赖的资源（通常是收入）来定义你的竞技场。还有什么其他玩家可能试图获取这些资源呢？即使他们不生产或提供与你类似的产品和服务。

你的客户试图完成的影响消费决定的关键“工作”是

什么?

你的客户完成一项工作所经历的消费链是什么？它是否涉及你可以卖给他们的东西？有没有什么地方的链条是断裂的?

如果客户认为你的产品是正面的（他们会因为这些特性而购买更多产品或者更忠诚），你会怎么做？他们认为什么是消极的?

最后，考虑到环境和可能性的变化，这些事情的配置会如何变化？你现在有什么问题需要准备吗?

第四章

是顾客，而不是人质

在怀俄明州，有10个投资者在一个牧场或度假胜地。我想我可能需要一个食物品尝师。我很难责怪他们[1]。

——里德·哈斯廷斯，网飞公司首席执行官，2011年

网飞公司首席执行官里德·哈斯廷斯因未能及时将电影《阿波罗13号》的盒式录像带退还给当地的百视达音像带出租店，而被收取高额滞纳金大发雷霆。于是他开始寻找一个更好的能够在家看电影的方法。

这便是关于网飞如何起步的伟大故事。不管这个故事真实与否，我们能够看到的是，创造机会成就网飞公司的拐点正是DVD（数字激光视盘）最初的商业化。与录像带相比，DVD不仅是数字化的，而且制作成本更低，因此电影公司把它们作为零售产品出售，而不是出租。

与体积大、重量沉的录像带相比，DVD十分轻巧，可以装在信封里邮寄，哈斯廷斯和他的联合创始人马克·伦道夫也对此进行了首次概念验证。正如一位观察家所指出的那样，他们的雄心壮志是成为“制作内容领域的亚马逊”。1997年，他们成立了自己的公司，在世界范围内掀起了一场人们消费内容方式[2]的革命。

值得一提的是，就像能够看到拐点即将到来的许多人一样，哈斯廷斯拥有科技背景。他拥有斯坦福大学计算机科学学位，并于 1991 年成立了他的第一家公司纯软件，他敏锐地意识到数字技术的能力和发展方向。1996 年 8 月，纯软件公司与阿特里亚公司合并，成立了 Pure Atria 公司。一年后，也就是 1997 年 8 月，Rational Software 公司收购了 Pure Atria 公司，这也使哈斯廷斯能抽出身来，创办了网飞公司。

哈斯廷斯很早就预见了流媒体的出现，但他没有预料到的是，消费者需要多长时间才能接受它。正如他所说："1997 年时，我们说，到 2002 年，将有 50% 的业务来自流媒体。然而真到了 2002 年，这个数字是零。2002 年时，我们说，到 2007 年，将有 50% 的业务来自流媒体。然而 2007 年时，这个数字依旧是零。我们等了这么多年，流媒体终于爆发了……现在的我们处于正确的时间 [3] 和地点。"

流媒体之旅

最终实现数字流媒体或者视频点播的想法，源自不起眼的家用录像系统（VHS），该系统由日本消费性与专业电子企业 JVC 开发，并于 20 世纪 70 年代末实现商业化。它的出现终结了飞利浦发明的录像带的前景。该系统于 1977 年被引入美国，随即引发了内容提供商与观众之间的拉锯战。内容提供商希望消费者按照他们喜欢的方式做事，而消费者希望摆脱这些限制。

内容提供商希望严格控制某些节目的播出时间，在这些节目中播放广告，并管理内容成本。而观众更喜欢自己控制看节目的时间，并且跳过烦人的广告。“想看什么就看什么，想什么时候看就什么时候看”便成了索尼早期产品[4]的口号。

电视工作者高兴不起来了。1976 年，他们在一个案件中一路上诉到了最高法院，最终还是败诉了，因为家用录像系统的录制设备可能侵害版权，这是不合法的。最高法院的这项裁决以今天的标准来看似乎有些离奇。该判决称，只要某种产品有大量的合法用途，提供方就可以出售这种产品，即使有些消费者在使用它的时候犯了罪。那时，人们可以控制何时看内容的想法已经根深蒂固。

老式的盒式磁带作为内容存储介质有很多缺点。如果想要回看之前的内容，必须进行倒带，而且需要盯着磁带播放机上面的计数器，才能返回指定的位置。这促使人们开始思考是否有更加便捷的方式。最早的尝试是镭射影碟，这是一种黑胶唱片大小的存储介质，不仅自身昂贵，而且还需要昂贵的播放器。镭射影碟不能录制，只能播放预先录制的内容。存储在其中的电影往往不完整，播放到一半的时候需要把它翻过来才能看完。因此，它在美国并没有取得成功。我的父母是最早使用镭射影碟的人之一，所以当这种产品即将消失时，他们还很沮丧。

内容的数字化为此带来了突破。1997 年出现的数字 DVD

为哈斯廷斯提供了灵感。1999 年，点对点文件共享服务提供商 Napster 成立，该公司虽然命运多舛，但是也进一步证明了共享数字内容的生命力。尽管这种做法后来被判非法，但是这种技术却为用户对数字内容的需求提供了证据。此外，盗版者开始非法分享视频内容，迫使那些原本可能更愿意使用旧系统的内容制作者不得不采取行动进行抵制。流媒体视频（或视频点播）很可能成为一种流行的媒体，这已成为大家的共识。

事实上，2000 年，哈佛商学院在对网飞做的一项案例研究中，有一段话值得学生思考：

> 分析人士认为，随着互联网的广泛应用，家庭视频最终将通过互联网直接传输给消费者。视频点播的出现意味着视频零售商只有有限的时间来适应新环境。虽然人们普遍同意将会发生这种变化，但对这种变化何时会发生[5]却没有达成一致……

百视达在流媒体领域一鸣惊人

举一个经典的案例。百视达公司很早就发现这个即将到来的拐点，它认真思索流媒体的发展，并在 2000 年与安然公司合作，探索流媒体视频的发展潜力。当时，EBS（安然宽带服务公司）是一家极具创新性的公司。观察者指出，虽然 EBS 不是云计算、网络嵌入服务、应用程序需求等概念的发明者，但是它在 1999 年开始与百视达公司谈合作的时候，已经拥有了这些技术。在这些技术被其他公司[6]广泛地用于商业之前，EBS 已经在使用这些技术了。

EBS 在建立视频点播平台方面非常成功，但由于与电影公司就播放内容进行的谈判过于复杂，该项目陷入了停滞状态。当时，对流媒体服务的收入如何分配还没有明确的规定（这个难题至今仍未解决）。虽然百视达对制片公司的影响力更大，但是它对流媒体的想法并不特别热衷，双方达成协议所需的定价策略导致电影的价格过高。更重要的是，考虑到当时的带宽状况，下载耗费的时间较长，如果想在电视上看电影，还要买一个特殊的适配器。双方的合作以失败告终，它们互相指责。最终，两家公司都出于不同的原因宣告破产。

直到 2000 年，人们才对视频点播达成了广泛共识。然而，2000 年以后，像网飞这样的公司才把这变成了现实。这再次说明了，拐点“刚开始时是慢慢地，而发生却是一瞬间”。正如杰夫 · 贝索斯所讲的，通常，识别关键趋势并不是件困难的事情，困难在于判断应该何时采取行动[7]，并带着公司一起行动。

不过，在探讨流媒体大战之前，让我们先来看看网飞公司是如何利用与百视达不同的商业模式，在人们家庭中确立其强大市场地位的。

利用市场中现有企业提供的负面特性

在网飞公司刚刚上线的时候，它的竞争对手百视达在消费者市场上独占鳌头。它拥有数以百万计的顾客和上千家门店，品牌认知度极高。2004 年是百视达最鼎盛的时期，其年收入超过了 60 亿美元[8]。但百视达商业模式背后有着不可告人的秘密，令客户感到恼火的滞纳金占了其利润的很大一部分。一名消息人士透露，2000 年，该公司获得了 8 亿美元的滞纳金，占其收入的 16%[9]。

换句话说，公司成功的最重要原因就是对客户的惩罚。这就是我上一章所讲的“可容忍的”属性[10]。该属性是客户所认为的基本负面特性。正如这个词所暗示的，只要客户觉得没有可行的替代方案，他们就会容忍负面特性。一旦客户能够在消除可容忍负面特性的前提下获取他们所寻求的好处，他们就会成为“不满者”，最终成为“愤怒者”。网飞公司利用 DVD 这个拐点，为客户推出了一种完全不同的模式，这种模式消除了高额费用带来的困扰。

百视达并没有对此视而不见。观察人士称，早在 2004 年，百视达的首席执行官约翰·安提奥科就开始对网飞公司和其他新兴流媒体服务公司构成的威胁采取行动。回想一下，那是百视达收入最高的时期。安提奥科带头停止收取用户的滞纳金，并推出了一项订阅服务。最重要的是，他想到了利用百视达数量众多的实体店来提供网飞公司当时无法提供的东西——即时满足。看完这部电影，你想立刻再看下一部吗？没问题！到离你最近的百视达门店去，用你刚看完的那一部换一部新的拿走吧！这项新举措被称为全流程服务。

当时，这项新举措被广泛誉为百视达的战略突破。一位观察家指出："突然之间，昂贵的房地产和设施已经由百视达的巨大负担转变成了网飞公司无法比拟的[11]巨大优势。"[12]

然而，正如企业经历战略拐点时经常出现的状况那样，安提奥科的举措将会花费公司大量的资金，同时还会降低公司的短期盈利能力。卡尔·伊坎是一名激进的投资者，他加入了这场争论，并让自己中意的成员进入董事会，最终让安提奥科退出[13]董事会。他成功地让吉姆·凯斯取代了安提奥科，他倒行逆施，使百视达没有抓住战略拐点。最终，百视达在2010年破产了[14]。

百视达和网飞公司的案例说明了，为什么拐点能够成为打开新领域的真正机会。随着时间的推移，许多在某个领域中的现有服务提供商在其所提供的服务中积累了很多负面问题，例如百视达所收取的滞纳金。当拐点带来了摆脱负面影响的可能性时，消费者便离开这些公司，转而去了更合适的公司进行消费。也就是说，消费者离开现有企业，并与新的服务提供商进行合作。对于现有企业来说，自己进行这种变革是件困难的事情。

看到拐点的到来，但行动速度过快，超出了客户的接受能力

再来看看网飞公司的一个罕见的失误决策。网飞公司最初的成功依靠向顾客提供一种方便、实惠的影片租赁服务。在其最初的模式中，客户订阅该服务，并每月向其支付订阅费，然后通过邮寄的方式接收所订阅的 DVD。顾客可以创建一个他们想要观看的电影的“队列”。当他们向网飞公司归还 DVD 时，他们就会很快收到公司寄出的“队列”中的下一张 DVD。

如前所述，早在 20 世纪 90 年代末就有人预测点播视频将转向流媒体模式。对于公司领导来说，真正的挑战是确定这个拐点，只有在这个悬而未决的拐点上及时采取行动才是有意义的。随着高速互联网的普及，里德·哈斯廷斯及其团队开始了一项小范围的实验，他们想知道当时是否有一些用户适合尝试这种新的模式。考虑到当时的实际情况，虽然在清晰度上，流媒体电影远不如 DVD 和蓝光光盘，但是，它的优势在于可以即时观看。

2007 年 1 月，网飞公司推出了“即时观看”服务。该服务提供了约 1 000 部可供即时观看的影片，包括《卡萨布兰卡》等经典影片，以及邪典电影、外国影片和迷你剧等。他们当时的目标是其影片库能够为每位用户提供他们想看的影片。当时，每位用户每月支付 5.99 美元的订阅费，便可享受 6 个小时的流

媒体服务。

上线这项“即时观看”的服务时，哈斯廷斯说：“我们在1998年将公司命名为网飞，因为我们认为，基于互联网的电影租赁代表着这个行业未来的发展方向。一方面，这是一种提升服务和改善选择的方法；另一方面，这是一种电影传播的手段。由于内容和技术上的限制，主流消费者接受这种在线观影需要数年时间，网飞公司迈出第一步[15]正当其时。”

流媒体业务的盈利能力对公司极具吸引力，而且能够省去邮寄DVD的烦琐工作。网飞公司对流媒体服务的预期增长信心十足，该公司在2010年发布了一张图表，根据预测，DVD业务将在2013年达到顶峰，而几年后流媒体业务将完全取代DVD业务。这张图表在当时广为流传。正如他们当时在一份投资者报告中所陈述的：“我们的目标是提供丰富多样、吸引力强、价格实惠的内容，让每个人都订阅网飞的服务[16]。”

上一章提出的框架可以用来评估流媒体的出现在经济上的可行性。通常，从组织正在争夺的有限资源入手是十分明智的。在这个案例中，有限的资源就是家庭的娱乐支出。因此，随着更加便捷、高速的网络的出现，人们进行娱乐消费的场所就很可能从家里的客厅，变为任何能够消费娱乐内容的地方。

这项业务还可以进行扩展，人们不仅仅能够在工作日的晚上看一部电影，还可以疯狂地看一整部电视剧。消费链发生了根本性的变化。之前，人们排队观看电影，从邮箱查收装有

DVD 的红色信封。现在，人们可以便捷地使用智能设备上的应用程序观看自己感兴趣的内容。

此外，公司的功能也发生了根本性的变化。之前，公司从事的工作是创建、存储和邮寄 DVD 这种繁重的实体业务。现在，公司提供的是完全数字化的体验服务。当流媒体成为用户选择的平台时，之前基于管理 DVD 业务的所有关键指标都会发生巨大变化。

哈斯廷斯认为，把这两个板块的业务合并在一起是鲁莽之举。虽然网飞公司具有良好的品牌价值，并且与内容提供商有着良好的合作关系，但是这两项业务之间几乎没有什么共同点。因为，它们在标准、投资和成功的驱动因素方面都是不同的。甚至在流媒体平台上观看的属性也是不同的。网飞公司设想了一种没有 DVD 带来的负面影响的纯粹的数字消费体验。DVD 业务需要一个单独的播放器，然后将 DVD 插入播放器中，并且观看 DVD 的场所也受到限制。

基于此，哈斯廷斯在 2011 年 7 月做出了一个重大的决定。由于他强烈地感知到未来将是流媒体的天下，而 DVD 业务将会走下坡路，因此他决定将流媒体业务与 DVD 邮购业务分开，并将 DVD 业务从网飞公司分割出来，并入一家名为 Qwickster 的子公司。消费者将分别为 DVD 服务和流媒体业务付费。DVD 邮寄和流媒体服务的价格将从 9.99 美元 / 月的全包订阅改为单独定价。网飞公司收取 7.99 美元 / 月的流媒体服务费，或

7.99 美元 / 月的 DVD 邮寄服务费。也就是说，如果消费者想要保留这两项服务，那么必须支付 15.98 美元 / 月。

这种价格调整引起了网飞公司的客户一片哗然。他们认为，价格的调整并没有为他们提供更多的选择，而是变相地提升了原来 9.99 美元 / 月的服务的价格。此外，通过流媒体提供的内容比 DVD 提供的内容要少，这导致许多客户声称要放弃订阅流媒体服务。更令人恼火的是，同时订阅这两项服务的客户，将不得不分别为两项服务建立“队列”。这项价格调整产生的后果是如此严重，以至于到 2011 年 10 月，各大媒体上竞相出现[17]了类似于“网飞公司面临着淘汰”这一类标题，当时大约有 80 万顾客放弃了网飞公司的服务[18]。

最终，网飞公司不得不放弃 Qwickster 的概念，恢复了捆绑价格。

我们可以把这个案例看作预见了拐点但行动过快的例子。是的，流媒体很可能是未来满足娱乐和用户定制内容的重要方式。但是，试图迫使客户放弃便利、灵活和低价来使用这项服务，只会让他们感到愤怒。

如何应对即将到来的拐点

然而，这给哈斯廷斯及其团队留下了一个悬而未决的问题：未来的发展方向很可能是流媒体，但公司目前的利润是通过

DVD 实现的。为此，他们开始悄无声息地行动，将原始的业务在后台进行了拆分。通过创建单独的网址（DVD.com），他们建立了单独的业务、业务结构及操作系统。他们于 2012 年 3 月购买了该网址，当时声称这样做是出于防患于未然。[19]

当时，流媒体业务的重点是扩张全球市场，而 DVD 业务的重点是提高效率和保持利润，即使 DVD 业务的用户数量在逐渐减少。这两项业务有各自的管理团队，不在同一个地点办公，使用不同的衡量标准，采用不同的激励机制。2018 年，流媒体业务的全球用户数量达到 1.18 亿，该公司对外报告称，公司 DVD 业务用户数量为 340 万左右，远低于 2010 年巅峰时期的 2 000 万左右。汉克·布雷格曼在网飞公司担任领导职务多年，后来被任命专门负责 DVD 业务。这让哈斯廷斯有时间专注于娱乐业的下一个重大拐点，即原创内容的创作[20]。

现有内容所有者纷纷将重点转向原创内容。虽然，多年来，他们一直乐于让网飞公司重复播放他们的内容和过去的节目，以此获得大量的现金。一旦网飞公司开始向消费者展示流媒体是多么令人愉快，没有广告的环境是多么令人愉快，并且价格还非常合理时，过去受人欢迎的捆绑价格便开始慢慢被人嫌弃。为了维持生存，很多内容所有者纷纷开始让网飞公司改变播放其节目的方式。对当时业内的公司来说，这种反应可能太过迟缓了。因为正如一位记者所说："每分钟都会有 6 个人放弃捆绑价格[21]。"

网飞公司并不是第一家涉足原创内容制作的公司，但与其他公司相比，它有一个巨大的优势：从业 15 年来，它积累了极其丰富的用户数据，它知道用户喜欢看什么类型的节目。在决定进入原创内容的市场后，网飞公司完成了一项惊人的业绩：据报道，它提供的原创内容非常受欢迎，以至于现在 75% 的美国家庭都订阅了流媒体服务[22]。

如今，网飞公司的使命如下：

> 这是我们将努力赢得更多网飞会员的“关键时刻”。也就是说，在 19：15，当一个网飞会员想要放松一下，或是享受与朋友和家人相伴的时光，或是感到无聊的时候，他们都能够从众多的选择中[23]打开网飞。

缓解客户沮丧的方式可以改变一个领域

在前一章中，我们回顾了关于拐点如何改变业务以及探索潜在机遇的假设。我们研究了，当通信和互联网消费挤占了服装消费时，青少年消费（领域中的可用资源）决策的变化是如何产生拐点的。正如我们所看到的，这种变化给许多传统的针对青少年的零售商带来了打击，但也让其他准备好应对“快时尚”到来的商家从中受益。

到目前为止，在这一章中，我们研究了网飞公司如何利用这个机会，来提供比百视达公司更好的娱乐租赁服务。相比之下，百视达公司的业务有一个极大的负面影响，那就是滞纳金。此外，我们还研究了网飞公司在保持现有核心盈利业务的同时，经历从 DVD 逐渐过渡到流媒体，再发展为以流媒体为中心的原创内容提供者的转型过程的挑战。

这个案例可以从三个不同的角度进行分析。第一，从消费链的角度进行分析，这主要体现在公司与客户交互的过程。哈斯廷斯忽略了一位朋友提出的建议，那就是用户不愿意为获取娱乐内容而管理两个娱乐内容“队列”，他没有想到这种改变会带来比之前[24]更差的用户体验。第二，从产品属性的角度进行分析，它突出体现了客户在供应链不同位置对产品特性的反应。在这个案例中，客户对服务质量下降而价格上涨感到十分愤怒。第三，从公司所要做的工作与用户所要达到的目的的一致性的角度进行分析，这将激发用户在商业链条任意给定环节上的行为。

当你明确了你所要做的工作面临的障碍时，就意味着你已经确定了可能会改变整个领域的重要拐点的所在。你需要了解的是，在某个特定的情境中，存在哪些障碍、限制和阻力，影响用户以及其他利益相关者满足需求。不要妄想他们会告诉你问题的答案。即使所处的情境有所缺陷或者受到挫折，他们也可能并不会意识到这一点。你会发现，他们在不知不觉中慢慢自我调整，或者只是逆来顺受。最糟糕的情况是，他们明明知道业务不好但是并不提供任何帮助。

网飞公司的下一个拐点

尽管取得了成功，但很明显，网飞公司所面临的下一轮竞争将不同于上一轮。它不再只是一个内容传播的渠道，而是通过制作自己的节目，直接与原创内容提供商展开竞争。而且，它所制作的原创内容将不只是低成本、便宜的搞笑节目。2018年，网飞公司在电影院上映了其创作的三部原创电影，然后才将其在流媒体平台上播放。该公司之所以决定这样做，是因为只有这样，电影才有资格参评所有电影人梦寐以求的奥斯卡金像奖。网飞公司的团队清楚地知道，原创内容对保持用户忠诚度至关重要，而一流的银幕人才是原创内容质量的关键。

一些内容提供商惊讶于网飞公司在降低有线电视节目吸引力的同时，有效地扩大了其用户基础，于是与网飞公司分道扬镳。例如，迪士尼工作室宣布，它将在网飞公司的平台上删除其内容，并创建一个新的公司与网飞公司竞争，该公司被命名为 Disney+。美国电话电报公司也创建了内容提供商华纳媒体，它也可能与网飞公司分道扬镳，推出自己的流媒体服务。还有许多大型有线电视公司，如康卡斯特，已经在其付费有线电视中增加了流媒体项目，客户可以付费收看点播节目，以及享受其他按次付费的服务。

有趣的是，哈斯廷斯及其团队似乎并没有对竞争对手的反应做好准备。这可能是因为他们把关注点放在了新的领域，而忽略了标准的或传统的电视行业。网飞公司不以传统电视的方式定义自己所在的领域。相反，它将其挑战的重点放在了可以让会员花费更多闲暇时间的服务项目上。正如他们对投资者所讲的：

> 我们要竞争的是，用户在闲暇时间的所有其他活动，包括观看其他流媒体服务的内容，比如有线电视、DVD 或 TVOD（电视回看），也包括看书，浏览优兔，打电动游戏，在脸书上进行社交活动，与朋友出去吃饭或与伴侣喝酒，等等。我们所争取的时间和金钱只占用户的一小部分，如果我们能不断改进服务[25]，我们将赢得用户更多的闲暇时间。

想象一下，有一个足以与脸书竞争的网络，它的用户是需要付费的，而且不会收集用户数据，因此不会与监管机构和会员本身发生冲突。这很可能代表着流媒体娱乐业务的下一个拐点。

为什么手机比传统相机更能做好这项工作

在寻找潜在用户时，有一个行之有效的方法。那就是考虑他们在生活中需要完成的工作以及完成这些工作时所遇到的障碍。我们认为，当寻找下一个拐点时，有一个很重要的思考方向就是客户在实现其目标过程中遇到了哪些障碍。这意味着，关注潜在客户所处的环境、为之奋斗的目标以及所要实现的结果是其中的关键。

智能手机就是一个典型的案例，它能够帮助客户更便捷地完成工作。智能手机取代了很多功能单一的设备，例如手电筒、录音机、照相机、摄像机、电子邮件平台等。智能手机正在帮助我们完成越来越多的“工作”，我们已经不再需要携带专门的设备了。我们当前所处的数字化时代，意味着我们比以往任何时候都更多地进行着创新和与内容的交互，与此同时却越来越少地使用传统工具。这反过来又创造了一个新的拐点，即我们如何与周围的世界互动。

例如，让我们来看看人们是如何观看泰格·伍兹打高尔夫球的。莱德杯和欧洲巡回赛的内容总监杰米·肯尼迪对比了2002年和2018年观看伍兹打球的人群。2002年，观众只是在看伍兹打球。但到了2018年，观众们都在拿着手机观看伍兹打球，所有人都在试图捕捉这位著名球员的照片和视频。换句话说，在他2018年的复出巡演中，与其说是在观看他打球，倒不如说是在通过手机[26]拍摄他打球的视频。就像上一章中所提到的，青少年认为，仅仅参加活动是不够的，你需要有照片和录像证明你在参加活动。

如果把这种情况看作将要完成的工作，我们可以用表4.1来描述它。

表 4.1 表述一份将要完成的工作

当……时候	我想要……	我能够……
现状	动机	结果
我正在看一场别人很感兴趣的直播	我关心的是如何记录它	与那些没有和我在一起的人分享视频和图片

很明显，要完成上述工作，手机比传统相机能达到更好的效果。即使在科技高速发展的今天，专业摄像机还很笨重，它们功能单一，耗电快，要占用大量的存储空间。而且，与其他人分享你拍摄的视频，通常要经过一个复杂的过程。首先你要从存储介质中提取相关内容，然后将其转换成其他人也可以看的格式。但是，一旦有了智能手机，你只需启动拍照功能，将其设置为“视频”，然后就可以开始了！

改变限制条件能够帮助你发现潜在客户需求。例如，之前，人们用超薄 DVD 替代笨重的录像带，现在，人们能够用便携的设备自己录制视频。我们对改变限制条件所产生的影响进行预测，最重要的一点就是亲身体验客户完成目标任务的过程，以及客户因无法完成目标任务而产生的挫折感。为此，我们必须考虑在消费链的不同环节上客户的痛点是什么。

下面让我们来看看，优步和来福车等黑马是如何颠覆传统出租车服务的，尤其是在纽约的出租车市场。这是一个经典的案例，说明现有关于行业的假设可能会蒙蔽企业领导，使他们无法看到推翻这些假设所带来的变化。

以纽约市为例，在经济大萧条时期，许多失业者为了维持生计，纷纷涌入出租车行业，结果导致出租车过多而乘坐出租车的乘客相对较少，还出现了严重的交通堵塞和不安全的交通环境（车辆破旧、野蛮驾驶等）。这些情况最终导致纽约市政府决定，必须加强监管来改善出租车行业的状况，减少出租车司机、保证服务质量[27]，从而保障乘客的用车安全。1937年，《哈斯法案》规定，凡是上路的出租车，都要在牌照管理系统进行登记。从事出租车服务的人必须从城市监管部门手中购买出租车运营牌照，随后就出现了出租车运营牌照市场。牌照的数量受到严格的限制，2013年全市登记的出租车运营牌照有13 587个，这也导致了一张出租车运营牌照的价格飙升至130万美元[28]。

对出租车运营牌照的限制带来了供方市场的垄断，它能够保障出租车司机和车队老板拥有稳定的生意，但是却给乘客带来了糟糕的乘车体验[29]。正如《大西洋月刊》撰稿人梅根·麦卡德尔在2012年发表的《为什么你打不到出租车》一文中指出的，从顾客的角度来看[30]，出租车提供的服务并不理想。

> 和大多数都市人一样，我花了很多的时间对出租车服务的标准表示抱怨，它们又脏又不舒服，而且在你需要的时候从来不会出现。通常，人们早晨6点想打车去机场是不可能的。它们似乎在你最需要的时候都会消失不见，特别是在新年前夕和下雨天的高峰期。大多数出

租车司机开车就像磕了药。女士们抱怨出租车司机很吓人，黑人抱怨司机从不停车为他们提供服务。

在她的文章中，麦卡德尔对优步公司提供的新服务充满热情。当时，优步的商业模式基本上是把潜在的乘客与现有的豪华轿车公司进行匹配。普通人成为优步司机的模式还没有出现。出租车公司当然反对优步，并试图利用现有的监管政策阻止优步进一步扩张。然而，他们并没有意识到，他们需要争取的是客户，而不是监管部门。

打破出租车行业现状的时机已经成熟（见表 4.2）。

表 4.2 出租车行业面临的拐点

当……时候	我想要……	我能够……
现状	动机	结果
我要去的地方太远了，走不了路，我又没法开车	成功安排行程	从 A 地到 B 地，花费最少，麻烦最少，最简单

这就是网约车平台介入，改变人们从 A 地移动到 B 地的状况的最佳时期（见表 4.3）。

表 4.3 传统打车的负面属性

消费链条	传统的出租车流程	负面属性 / 客户痛点
预订车辆	打电话给车辆调度中心 站在街边打车	不可靠 我所在的地方没有出租车

续表

消费链条	传统的出租车流程	负面属性 / 客户痛点
预订车辆	事先安排豪华车 去出租车站打车	长时间等待 司机歧视
乘坐车辆	不顺利的体验 肮脏的车 司机驾驶途中打电话 车辆老旧 车内温度不舒适 野蛮驾驶	总的来说就是令人不悦的乘车环境
支付车费	使用现金 在车内使用信用卡 索要票据	司机不找零 司机不接受使用信用卡 为了报销需要长时间等待司机开具收据

上述分析能够找到一些主要的客户痛点。这些因素会影响客户方便、经济的需求的满足。下一个问题是，这些痛点为何会是这样的（见表 4.4）。

表 4.4　传统打车现状及解决办法

负面属性 / 客户痛点	为何如此	如何改变
不可靠 我所在的地方没有出租车 长时间等待 司机歧视	集中调度车辆中的经济学原理：广泛分布的车队是不经济的	使用手机应用软件在地理位置上匹配分散的司机和乘客
总的来说就是令人不悦的乘车环境	在垄断的条件下，出租车不会因为令人不满的客户体验受到制裁	评价系统：司机和乘客之间可以相互评价

续表

负面属性 / 客户痛点	为何如此	如何改变
司机不找零 司机不接受使用信用卡 为了报销需要长时间等待司机开具收据	在垄断的条件下，对新技术没有进行投资	提前注册信用卡信息 行程结束时不用处理卡片 自动在线生成和获取收据

事实证明，网约车公司对现有交通问题的解决方案，对于像纽约这种大城市的出租车行业来说，是一个巨大的拐点。立法部门和政府部门对于这种新兴服务出现所代表的拐点十分惊讶。2017 年，人们使用优步出行的次数已经超过了搭乘正规出租车[31]的次数。

这种情况经常出现，而相应的机构需要经过一段时间才能适应拐点带来的变化。例如，在网约车领域，纽约市政府相关部门强制要求网约车司机从公司获得基本工资。研究表明，优步司机赚钱的唯一途径是指望通过优步公司获得额外的补贴。因此，以叫车服务革命为代表的变革可能已经进入了下一个阶段。[32]

当然，城市中其他灵活的交通解决方案也在蓬勃发展。最近，共享小型摩托车市场竞争激烈，电动踏板车公司 Bird 在 2018 年的估值超过了 20 亿美元[33]。甚至有传言称，网约车公司有意加入 Motivate 公司在纽约运营的共享单车 Citi Bike 项目。尽管优步公司似乎计划提供全面的城市交通解决方案，但目前尚不清楚这些方案中有多少能在这场不可避免的洗牌中幸存下来。

回到我们的分析方法。在对各领域进行分析时，你应当关注的问题是，当所在领域的限制条件发生变化时，竞争对手是否会以不同的方式比你更好地解决客户的痛点。

好好想一想吧！

如果真的有这种可能，那么是时候注意了。

重新定义一个领域：美国医疗保健行业的混乱

美国保险公司伯克希尔·哈撒韦首席执行官沃伦·巴菲特总是善于运用语言，他将美国的医疗保健行业比作影响经济的“饥饿的绦虫”[34]。美国的医疗成本不仅高于世界其他国家和地区，而且上升的速度也快于世界其他国家和地区。根据《消费者报告》的说法，如果把美国的医疗保健开支拿出来组建一个国家，那么这个国家将是世界第五大经济体[35]。

一个行业吞噬了如此巨额的资金，无疑会造成可怕的负面影响。这部分资金本可以用于其他事情，如增加工人工资，现在却无法实现。这导致了工人薪资水平长期不变，许多人的赚钱能力受限。2018 年，杰夫·贝索斯、沃伦·巴菲特和杰米·戴蒙（摩根大通首席执行官）达成一项协议，他们将成立一家医疗保健方面的合资企业。虽然该公司还未被正式命名，但这表明，他们对医疗保健行业成本的不断上升已经达到了某种临界点，感到失望。换句话说，他们在试图抓住拐点，从而对医疗保健行业进行颠覆性变革。

在美国，医疗服务基本上是按照提供服务的次数进行收费的，这种做法往往会鼓励医疗机构为患者提供更多次数的医疗服务，即使那些服务严格来讲并没有必要。在其他行业中，高效率会使组织更具竞争力。然而，与这些行业不同，医疗服务的效率越高，意味着其收入越少。例如，如果将 CT（计算机层析成像）扫描的效率由需要进行三次扫描提高到只需一次，这意味着医疗机构只能得到一次报酬，而不是三次。

对于如何才能更好地将激励与回报结合起来，医疗保健系统中的相关人员得出了以下结论，即基于价值（如治疗效果）的支付系统比基于活动（如治疗次数）的支付系统更有意义。如果一个企业由于经营效率低下而盈利减少，那么该企业就有动机提高经营效率。当然，这样做有可能产生意想不到的后果，随着激励措施朝相反的方向改变，为病人提供必要但便宜的治疗很可能会收到更多的回报。在一些实行单一支付体系的国家中，定量医疗已经成为一种普遍做法。实际上，美国不同于大多数使用有效性计算来确定谁可以获得医疗服务的国家。许多国家采取的方式是定量配给。当然，现实是可悲的，美国与其他任何国家并没有什么不同，因为美国只有这么多的钱可以用于医疗保健系统，所以某种形式的定量供应是不可避免的。

虽然探讨美国医疗保健系统本身就值得写一本书，但出于本书的目的，让我们把重点放在药房福利管理方式的转变所带来的潜在机会上。对于一个已经变得如此模糊不清、内部运作极为复杂的行业而言，这代表着一个潜在的重大拐点。

药品购买福利机构：中介组织变成了无赖？

药品福利管理机构（PBMs）是医疗保健系统中各参与者之间的中介组织。它们成立的初衷是“降低保险公司的管理成本，确认病人的资格，管理计划福利，以及在药房和健康计划[36]之间协商成本”。

自从这项相对简单的服务创建以来，药品购买福利机构得到了飞速发展，几乎涉及处方药业务的方方面面。批评者认为，它们之所以具有如此令人瞠目结舌的盈利能力，是因为它们能够从制药供应链的各个环节上赚钱。事实上，《华尔街日报》指出，“药品购买福利机构利润极高。在过去两年里[37]，它们总利润的 85% 转化为息税折旧及摊销前利润”。

彭布罗克咨询公司称[38]，快捷药方、OptumRX（联合健康集团的子公司）和西维斯健康等公司，业务覆盖全美国约 70% 的处方药品服务。2017 年的一项分析表明，在美国，每 100 美元中有 15 美元用于购买名牌药品，而在其他国家，每 100 美元中只有 4 美元[39]用于此类购买。

有明确的迹象表明，标准的药品福利购买机构的做法并不一定符合客户的利益，该行业强烈反对采用信托标准。（在这项标准中，他们在提出建议时必须牢记客户的最佳利益。）2018

年，彭博社的一篇报道中称，“一些医疗保健行业的巨头发出警告称，信托标准可能会对它们的业务造成严重损害”。美国快捷药方控股公司在2015年的一份文件中称，信托规则“可能对我们的财务状况、运营结果和现金流[40]产生重大不利影响”。就在2018年，该公司同意被信诺集团收购。

我预计这将成为这些企业的拐点，有迹象表明，人们对医疗保健行业这种做法的批评声音越来越大。

不一致、不透明的定价

一些消费者发现，他们使用现金购买药品比使用保险购买药品花费得更少。因此，人们开始指责药品福利管理机构的谈判策略，制药行业也因为药品定价过于复杂不能被人理解而受到指责。

一家名为GoodRx的初创公司因此成立，该公司为客户提供了一款应用程序，该应用程序可以帮助使用者在他们所在地区搜索到同一款药品的不同价格。例如，有人在当地搜索30片装的立普妥药片处方，发现价格从9美元（在沃尔玛用现金购买）到27.62美元（在美国药店和便利店连锁店Duane Reade使用优惠券购买）不等。

回扣：列出价格？并非如此

药品福利管理机构可以与药品生产商谈折扣。不过，这对客户报销没有任何帮助。一位观察家在美国广播公司（ABC）新闻报道中指出："当涉及共同支付、共同保险和其他自付费用时，标价确实很重要。但是，这些费用通常是基于药品的标价，而不是药品的折扣价[41]。因此，如果消费者每月为200美元一瓶的胰岛素支付20%的共同保险费，则保险公司是以每瓶75美元的折扣价进行支付，也就是说，消费者支付的价格是标价的20%，即40美元；而不是共同保险折扣价的20%，即15美元。"因此，病人并没有节省开支。

该报道同时指出："'回扣'允许药店占有顾客的全部自费金额，即使超出了报销金额。例如，一个病人的共付药费是10美元，而药品福利管理机构向药房报销非专利药的费用以及大约6美元的配药费，药品福利管理机构就会把病人额外支付的4美元收入囊中。"

甚至在某些情况下，一个处方的共付费用超过了处方的实际成本，其中的差价将返还到药品福利管理机构。人们已经对这种做法提起了诉讼，公众的愤怒是如此强烈，以至于一些州的立法机构已经开始考虑禁止这种做法[42]。尤其令人不快的是，一些药剂师被他们的雇主告知，他们不能让病人知道这种药可能会以更低的价格出售。在2018年的一起案件中，法院做出了不利于信诺集团的判决，这个问题也引起了律师和立法者[43]的更多关注。

回扣的暗箱操作

药品福利管理机构和药品制造商就各种药物的回扣进行谈判。药品制造商向药品福利管理机构收取药品标价的费用，然后向其支付回扣。这使药品的标价实际上都高于实际支付的药品价格。

医疗保健行业的利润之争在不断升级，药品制造商一直试图将公众的注意力引向药品福利管理机构，而不是集中在他们自己的价格上涨上。

底线从何谈起？现在，人们对上述种种做法已经心知肚明，这些做法造成了真正的混乱，也造成了大众对整个行业的不信任。为此，让我们看看一家大公司是如何应对降低员工处方药成本的挑战的。

卡特彼勒公司：未来还未被平均分配

正如在第一章中提到的，科幻小说家威廉·吉布森首次提出："未来已经到来，只是还未被平均分配。"就预测潜在的拐点而言，这是一个非常有用的视角。我们的目标是找到这样一个地方，在这里，思维超前的企业克服了现阶段一些做事方式的限制，并通过创新找到了解决方案。从这个角度，让我们看看卡特彼勒公司是如何突破目前药品福利管理业务的限制的。

1996—2004 年，处方药的支出每年以 14% 的平均速度增长。

为此，2004 年，卡特彼勒公司的管理层决定构建一个新进程。因为他们认为，当前的管理方法没有起到杠杆作用，以至于他们任由混乱的体系摆布，而他们想要挑战这个系统。他们估计，目前的管理系统造成了 10%~25% 的浪费[44]。

利用本章之前讲述的分析框架，我们可以看到药品福利管理业务发展的方式代表了卡特彼勒采取行动的机会。表 4.5 总结了卡特彼勒公司为摆脱现有药品福利管理机构的束缚所做的工作。

表 4.5　卡特彼勒公司为摆脱现有药品福利管理机构的束缚所做的工作

消费链连接	负面属性 / 客户痛点	卡特彼勒是如何解决这些问题的
选择利益管理者	利益冲突	寻找致力于价格透明[45]的药品购买福利管理方式
确定成本	缺乏透明度	直接与主要药房协商
决定处方中的药物	透明度较低、成本较高	带来内部决策[46]
定价涉及回扣	更高的价格	与供应商透明定价

卡特彼勒公司的这种做法产生的结果令人印象深刻。虽然没有公布实际节约成本的数字，但该公司表示 2015 年的成本甚至低于 2004 年的成本[47]。专家估计，该公司每年节约的成本可能在 3 750 万美元左右。

卡特彼勒公司的医疗保健福利经理托德 · 比斯平不仅负责

公司医疗保健方面的工作，还参与了医疗保健转型联盟的工作。该联盟由多家会员单位组成，致力于帮助其他组织控制不断上升的医疗费用。尽管，迄今为止这些举措取得的成果在很大程度上是渐进的，但贝索斯、巴菲特和戴蒙等首席执行官在加快医疗服务方式转型方面所发挥的作用，似乎正在成为该领域发展的一个拐点。

当然，亚马逊本身似乎也准备进入医疗领域，这可能会带来它在其他经济领域[48]引发的那种全面变革。

关键点

让客户不高兴甚至愤怒的做法会为破坏现有规则的玩家进入当前市场创造机会，并可能导致客户叛变。

即使你看到了一个拐点，它的到来也可能比你想象的要久得多。

将顾客作为“人质”对待的时间有限，这种“绑架”他们的模式最终注定要崩溃。

区分成长型企业与衰退型企业的运营功能是具有意义的，因为两者的衡量标准和操作注意事项是不同的，而且它们对客户的价值也不同。

深入了解客户所处的情况、他们在这些情况下试图做的工作以及他们想要得到的结果对于预测这些情况如何变化是至关重要的。

深入了解一个系统的结构（比如处方药的销售方式）可以让你同时触发拐点和痛点。

第五章

什么一定是正确的？制订一个快速学习的计划

很多正确的人都会努力去做那些违背他们信仰[1]的不寻常的事情。

——杰夫·贝索斯

围绕着“拐点”的讨论，首先我们讲到了“边缘”，也就是那些潜在拐点即将出现的地方。然后，我们建立了一些方法来进行早期预警，想象那些非同寻常的未来场景和工作，并看清它们处于发展的哪个阶段。接着，我们以领域而不是行业的概念，进行了关键的分析和探讨。然后，我们分析了激进派和保守派在关键利益相关者完成工作的过程中，如何使一个组织消除固有属性而开启变革之门。现在，我们考虑下一步该采取什么行动。

我们首先需要注意以下几点。第一，这里所说的技术不是关于如何预测和正确预测，而是对于可能发生的事情提出可能性，开拓我们的思维，从而在趋势变得明显之时，随时能够采取行动。对于任何未来的状态，有许多变量可以导致这样或那样的结果。第二，在复杂的系统中，能够在头脑中保留未来的多种可能性是极具价值的，当某一种可能性逐渐展开时，前景就会变得愈加清晰。

例如，英特尔公司雇用科幻作家、未来学家和学生来撰写关于未来的创造性作品,其目的不是预测,而是开拓人们的思想,畅想未来发展的所有可能性。“环顾四周”是为了拓宽你所关注的所有具有可能性的范围。只有你所关注的这些在具有可能性的范围之内，你对未来的展望才能得到充分的发展。

拐点变得更清楚了

看到一个拐点即将到来，意味着我们面临一个抉择：究竟该做些什么。此时决策者面临的真正难题是未来发展的不确定性仍然非常高。换句话说，一个人必须做出的假设与他所拥有的核心知识之间的差距是非常巨大的。正如我在其他地方经常写到的那样[2]，一个人在危急关头所产生的思维过程与他在了解事态将如何发展时所遵循的思维过程是完全不同的。

坦率地讲，要通过这个棘手的过程，首先要经历困惑、试验和混乱，然后下定决心，朝着一个既定的目标不断前进。你必须能够充满激情地用愿景驱动结果，同时也要准备好改变某些过时的方法。整个过程与未来学家保罗·萨弗的建议相一致，即先进行尽可能多的预测，然后尽快证明它们是错误的，同时也要“持有强烈的信念，但不盲目地坚持”[3]。

可能是因为我们中越来越多的人被置于越来越不确定的环境中，随着新一代管理者认识到我们所面临的关键挑战在于制订计划，发现驱动计划正在获得巨大的吸引力。简单地说，发现驱动计划所做的就是要求你为未来的状态设置一些参数，然后从相反的方向进行推论，以确定哪些参数必须为真，才能使未来的状态为真，找到实现未来的必要条件。与第二章中讨论的弱信号练习类似，这个过程与许多公司规划过程的规避风险和失败的本质是不同的。

这并不是说要详细地计划应该做什么。相反，面对拐点，我们应该做的是彼得·西姆斯所说的“小赌注”[4]，我称之为“计划学习”。换句话说，在实施一个大的计划之前，首先要把整个计划分解成若干个小部分。我将这些若干个小部分称为“检查点”。

检查点，可以简单地理解为一个时间点，在这个时间点上你可以学到一些东西。在每个检查点，你需要问两个问题。第一个问题是，你正在学习的东西是否值得你为之付出代价（或风险，或时间）。我之前还提到过一个“组织欲望”的概念，这是一种预先的决定，决定我们将学习什么，以及这种学习对我们有多大的价值。第二个问题是，无论你正在学习什么，继续这项计划是否有意义，或者某种转换是否能够得到保障。

你想要避免陷入一种被驱使的正确需求中，而实际上你并没有掌握所有的事实。当人们开会对是非对错据理力争的时候，大量的人力成本就白白被浪费了。相反，我们应该思考的是，如何找到一个低成本、有创意的方法，切实帮助你找到正确的答案。在这种情况下，即使你的假设没有得到证实，你也能够学到一些东西。事实上，即使你已经知道你走进了一条死胡同，这实际上也是一种进步，因为你可以随时改变路线或“支点”。

企业家心态在这里非常有用。这里的关键是“发现驱动”。你要做的是停止假装知道所有的答案。在一个高度不确定和不稳定的环境中，任何人都不知道正确的答案是什么。为自己是否“正确”而争论，或者制订一份 18 个月的详细计划，都是徒劳。相反，你要做的是清晰地知道，并指出主要的不确定因素是什么，以及你如何才能对它们有所了解[5]。

纳西姆·尼古拉斯·塔勒布在《反脆弱》一书中，对这段混乱时期提出了关于如何观察事态发展趋势的有价值的观点。正如他所说的："任何随机事件（或某些确定的冲击）带来的利大于弊的东西都是反脆弱的，反之则是脆弱的[6]。"当我们制定一个发现驱动的方法以应对下一个拐点时，我们试图做的是利用潜在学习的优势，同时控制成本，扬长避短。这种计划正好反映了塔勒布的观点，即应对变化的最佳方式是通过低成本的失败证明你的假设是错误的，然后持续从你的行动中看到巨大的优势。

但是这并非基于现实

正如之前所提到的，当拐点第一次出现时，人们很容易过早地采取行动，并在理解拐点的真正含义之前投入大量资源。特别是随着我们所说的数字革命的到来，许多组织已经吸取了这类教训，并对此悔恨不已。

在数字技术领域采取错误的行动，往往源自对其所代表的巨大变化的误解。我们在第一章已经讨论了数字技术所带来的独特效果，例如，它能够将之前各自独立的安全的信息组合在一起，等等。正如我的同事瑞安·麦克马纳斯指出的，想想数字化对于传统组织的战略和运营模式的影响，你就能够理解[7]为什么那么多高水平的公司很容易做出错误的战略投资——它们低估了数字化对未来业务的影响。

数字化的积雪正在融化

简单地说，数字化意味着将过去那些相互独立的、以模拟方式进行的活动，替换为以技术层为中介的相互联系的活动。例如，从前，如果你想了解一家公司是如何对待其客户的，你可以通过商业改进局或消费者报告查询它的排名。如今，你依然可以根据这些信息源进行查询，但同时还可以在各种各样的平台上查看其他消费者对它的评分，比如 Yelp（美国最大的点评网站）或猫途鹰（TripAdvisor，旅游网站，上面有来自全球旅行者的点评和建议）。如今，潜在客户可以点击其他用户发布的评论来比较一家商店中各种商品的好坏和差别，而不是依靠销售人员的解释或推荐。

在此之前，我通过“雪从边缘融化”的观点表明，如果你想对一个潜在的拐点具有战略眼光，你需要接触它最初出现的地方——通常是组织的“边缘”。数字化的过程让我们能够在这个想法上走得更远，因为它不仅显示了某些事物正在改变（雪正在融化）的早期信号，而且还显示了它是如何发生变化的。

从营销开始

数字化的开始相当隐秘，它似乎开始于那些远离业务战略核心的领域，如市场营销。在早期的网站淘金热潮中，数字化意味着获取网站的 URL（统一资源定位符），意味着获取广告的数字空间，意味着试图让人们订阅博客。在第一阶段，最先受到破坏性影响波及的是那些习惯于向相对弱势的外部参与者提供单向信息流的组织。第一拨积雪融化彻底改变了组织应该如何向世界展示自己的想当然的假设。但对许多人来说，这种改变似乎并不是影响未来组织生存的关键，因为它似乎只影响营销。

事实上，早期互联网浪潮带来的一个更加有趣的影响是，公司通常会增加在营销上的花费。不仅是新经济领域的出版物《连线》，甚至是像《财富》这种传统领域的出版物中，都充斥着各种各样的广告。这些出版物的广告页是如此之多，以至于很难将它们塞进邮箱。2000 年，美国广告业占 GDP（国内生产总值）的比例达到了 2.5%，而随着互联网泡沫的破裂[8]，这一比例又回落到了 2.2%~2.3% 的历史水平。

在早期阶段，那些传统的广告公司可能会产生一丝安全感。

然而，2000 年，谷歌推出了一款名为 AdWords（赞助商链接）的广告产品，该产品为广告客户提供了一种能力，即企业只需投入少量的个人努力，就可以将它们的广告放在潜在的购买人群的搜索排名之前。2000 年末，谷歌 AdWords 产品的收入达到了 7 000 万美元[9]。通过使用该产品，广告商可以决定他们愿意支付多少钱，让这些广告出现在紧挨着指定搜索内容的位置。当用户进行搜索时，谷歌的算法能够对数据库进行扫描，然后基于支付意愿生成一个排序。如果消费者点击了这条广告，谷歌就会基于广告商的支付意愿，按照点击率收取广告费用。如果其他用户想要使自己的广告出现在相同的位置，那他需要支付一个金额不多的附加费用[10]。传统的广告模式则是根据可能观看到这条广告[11]的观众数量，以“千人成本”（CPM）的方式向广告商收取费用。

这是传统广告模式向数字广告模式转变的开始。这种转变使传统媒体的广告业务大幅下滑。以报刊广告为例，其广告收入由 2005 年的接近 900 亿美元，下滑至 2017 年的不到 500 亿美元[12]。这些转变正在摧毁传统媒体，但即使拐点出现，许多传统企业仍然不知道这将给它们带来什么样的影响。

渗透到运营中

数字革命所代表的拐点的下一个阶段，是改变公司运营基础业务功能的方式。墨西哥建筑材料公司西麦斯等发现，数字技术使它们能够以全新的、非常有吸引力的方式为客户提供服务。例如，该公司发现，在其预拌混凝土业务中，对于施工企业来说，即时服务解决方案比依赖于能够提前预测工程需求量和使用量的解决方案有价值得多。利用戴尔等公司的解决方案，西麦斯公司建立了即时呼叫中心的模式。当客户需要水泥时，他们只需要实时下单，就能够在相对较短的时间内收到所需的水泥。

数字革命发展到这个阶段，已经动摇了运营中许多想当然的假设。高成本、高摩擦的交易被相对廉价、低摩擦的交易所取代，它开启了巨大的可能性。

接下来，便是产品和服务

随着数字化带来的各种新的可能性的出现，数字产品和服务蔓延到众多领域中只是时间问题。娱乐和媒体发生了巨大的变化，照片、书籍、电影、杂志和其他内容的“数字化”，不仅创造了不同的产品，而且创造了不同的消费体验。实际上，是产品走向了消费者，而消费者不再需要走向它们。

在这个阶段，甚至普通产品和服务的某些重要属性也发生了改变，它们被增加了数字组件。例如，汽车制造商及其供应商已经开始考虑如何为汽车附加通信技术，从而给汽车带来改变，使它们从本质上侧重于交通，成为运输网络中的节点。利润可能也会从销售汽车本身转向提供各种服务，包括汽车维修、诊断和保险。此外，汽车产生的所有数据都有其自身的价值，其应用仍有待开发。

然后是商业模式

当数字技术改变了维持传统商业模式的参数时，它就具有了极大的破坏性。正如我在本书的前几章中所描述的，在职决策者很难“看到”他们所遵循的传统规则发生了变化，这往往是因为他们根本就没有注意到这一点。

以保险业来说，数字技术有可能彻底改变传统价值链中不同部分的管理方式。此外，数字商业模式的成本往往要比传统商业模式低得多，这给行业中的现有企业带来了巨大的定价压力。

1. 分销——经纪人“卖”给客户保单的传统方式消失了，取而代之的是一种互动的、随需应变的体验，这种服务可能是通过移动设备来实现的。通过这种方式提供的服务是可行的，并且消费者负担得起，经纪人可以根据客户的使用情况，以客户需求为导向，提供越来越多的保险产品，从而更紧密地将提供保险服务与实际的被保险活动进行匹配。区块链技术带来的智能合同甚至可以自动执行，省去了成堆的纸质文件和烦琐的记录保存。

> 2. 承销和定价 —— 许多大型保险公司的核心竞争优势是，它们可以访问其他公司无法访问的大量数据库，并在此基础上做出更明智的定价决策。但是，随着大量的、相互连接的、在某种程度上可以广泛使用的数据库的出现，加上人工智能技术的日渐成熟，除了在一些特殊情况下，对于人工承销和与此过程相关的专业知识的需求消失了。随着决策越来越多地基于真实数据，而不是近似数据，诸如拥有高等学位或拥有某个行业丰富的工作经验等，这些良好的可保性指标也会逐渐消失。
>
> 3. 索赔 —— 美国前进保险公司多年来一直在向实时赔付和结算的方向缓慢前进，但应用广泛且廉价的技术将加速这个趋势。传感器、无人机和功能强大的智能手机，将极大地改变保险公司所谓的“第一时间损失通知”。智能算法马上就可以计算出保险公司应该支付的金额，保险公司随即可以进行赔付，交易就能无缝地进行。

显然，如果你从事的是保险业务，并且希望为即将到来的大规模业务模式转变做好准备而开始采取行动，那么问题也就来了。在早期的一个拐点，即使即将发生改变的信号极其强烈，一个组织（有时是相当昂贵的顾问）很容易认为自己能够预知行业今后的发展，于是开始把资金和资源投入一个全速前进的数字化过程中。

不幸的是，这几乎总是错误的。即使有非常强烈的信号，未来变化的性质和程度仍然存在很大的不确定性。此时的任务实际上是采取行动和制订计划，但制订的是学习计划，使用的是“发现驱动”的方法。

虚幻的确定性和数字化的失败

与其他宏大的、雄心勃勃的创新计划相比，那些宏大的、雄心勃勃的数字计划有很多相似之处。它们有着共同的显著特点，即决策者不得不在没有事实依据的情况下做出假设。他们似乎需要在短时间内快速做出决定，但是由于所基于的背景非常不确定，因此几乎不可能保证这些决定是正确的。相反，在这种高度不确定的情况下，决策基本上只是猜测。在一个以高度可预测环境下的决策为基础的组织系统中，这可能导致恶性循环。

决策者根据假设做出预测。当得到关于这些决策所产生的结果的信息时，人们才发现这些假设是不正确的。然而，在决策者对某个项目投入了个人资本和组织资本之后，为了实现他们当初的承诺，他们更加努力地推进实施这个项目。这使“火车事故”一直持续下去，直到有一天这个项目进行不下去，才有人有勇气站出来对这个项目说“不”[13]。

不幸的是，对于试图从这些失败的经验中吸取教训的人来说，这是无法实现的。在大多数情况下，没有人会对这个失败的项目进行讨论，之前参与这个项目的人都会消失，剩下的人则假装它从未发生过。当然，对于那些希望从失败的项目中获得一些经验教训的畅销书作家来说，这也是相当令人沮丧的。然而，有一些项目是公开的，所以关于它们的文档得以保存。让我们来看看其中一个案例，英国广播公司（BBC）数字媒体计划（DMI），虽然该项目最终令 BBC 花费了 9 800 多万英镑，但是 BBC 从中一无所获[14]。

BBC 数字媒体计划

在之前讨论网飞公司的有关内容时，我们已经介绍了关于 20 世纪 90 年代定制新闻和娱乐节目的有关内容。事实上，早在 2000 年，哈佛商学院的案例撰写者对于视频点播等技术可能会改变媒体的消费方式就有了清醒的认识。

BBC 希望对这个隐约出现的拐点采取一些行动，于是在 2008 年推出了一项名为“数字媒体计划”的项目。该项目最初的灵感来自创建“完全无胶带”生产工作流程[15]的愿望。BBC 技术总监阿什莉·海菲尔德是该项目的负责人。该项目得到了决策机构英国广播公司信托基金（BBC Trust）的批准，获得了总计 8 100 万英镑的资金。BBC 的传统技术供应商西门子被选为该项目的承包商，并得到了德勤会计师事务所的咨询支持。在最初的项目方案中，人们预计一旦该项目启动并运行，这个项目的总收益将达 9 960 万英镑[16]。当时，一位技术合作伙伴是这样描述这个项目的："数字媒体计划是一个泛英国广播公司项目，旨在提供以客户需求为导向的、多平台的数字环境，并且为新兴的服务[17]提供可重复使用的基础。"

未能认识到数字化转变的组织意义

首先，我们来看看第一组未经验证的假设。现在回顾这个项目，人们会有更清晰的认识。项目开始时，人们假设该项目是一个相对易于运营且有效率导向的项目。然而这个假设并不成立。在现实中，对整个工作流程进行如此巨大的改变，实际上意味着要对业务模式进行巨大改变。如果项目想要成功，那么必须要深入到组织的核心工作流程中。因此，除了在技术领域进行变革外，更重要的是在管理领域进行重大变革，而这种变革可能会带来重大的政治斗争。

此外，BBC 与西门子签署的合同是以固定价格购买固定交付成果。以这种方式签订合同的前提假设是甲方完全清楚乙方需要做什么工作，以及会得到什么样的结果。从 BBC 的角度来看，这样的合同使他们不会过多地质疑西门子所开展的工作，因为他们认为强加干预会否定合同所表达的真实意图。而从西门子的角度来看，它能够完美地解释为什么大型信息技术项目最终会失败的传统论点：信息技术供应商没有交付用户想要的东西，而指责用户改变主意，没有明确说明需求。这是一种在没有确定性的情况下假设确定性的现象。

最初的项目简报中包含的子项目数量之多令人惊叹。新的“媒体接收系统”将改变内容进入 BBC 生态系统的方式。为了实现该系统，BBC 将建设新的媒体资产管理系统，用于管理未来的音频、视频、静态图片和其他内容。记事板将无须通过原始的手工制作而实现在线制作。所有这些系统都可以通过元数据共享和存储系统实现访问。来自 BBC 的项目团队在没有进行竞标的情况下就获得了这项工程的合同，一位观察员称，他们与西门子（主要供应商）及其他承包商的关系是“疏远”[18]的。

假设必须构建整个系统才能实现任何价值

下面，我们来看看第二组未经验证的假设，即必须一次性构建并应用所有数字项目。这是一个特别危险的想法。在一个整体成熟水平较低的组织中，从小规模开始逐步构建能力更有意义。在一开始就将所有资金投入到大刀阔斧地采用一种方法的改革中，只会招致灾难。即使项目成功了，组织也不可能开发出新的工作流程和实践来获得利润。它还说明了一个错误的观点，即一个组织可以将以前构建或开发的模型应用到一个全新的市场环境中（通常称为瀑布方法）。雇用那些不了解新旧模式区别的外部公司并不能帮助 BBC 更好地实施其项目。

第三组未经验证的假设与高层领导对待此事的观点有关，即他们可以放心地将如此复杂的系统的设计和实施委托给承包商，而不进行监督。相反，在发现驱动的方法中，项目在实施的过程中应该一直提供价值证明。这个过程需要创建快速检查点，在这些检查点上，将对项目最终工作方式的具体假设进行测试，并且在必要的时候对执行路线进行修正。相反，数字媒体计划似乎没有有效的治理过程，包括高级业务领导和技术人员，没有定期进行本应纳入治理过程的项目审查。

那些得到警报信息的人没有出声

通常，在项目实施过程中有一条原则，即当出现问题时，有直接经验的人能够发出警报，且该警报能够被高层领导听见。而在数字媒体计划的实施过程中，这条原则并没有发挥作用。项目中缺乏这种机制，以至最接近该项目的人所发出的声音几乎没有办法让领导层听到。正如一位观察者所指出的，“有一种文化显然不允许相关工作人员发表意见，所以，由于无法将对项目的担忧纳入审查过程，他们只能私下进行议论[19]”。

2009 年 9 月，BBC 与西门子公司在这个项目上分道扬镳，并且选择将该项目纳入自己的内部管理中。

的确，该项目所带来的教训是惨痛的。正如一份最终提交给英国议会的项目审查报告所表明的那样，缺乏常识的假设从一开始就可以预见到结果。评论家总结道：“事实证明，该项目比西门子公司最初认为的更具挑战性，而且西门子公司对 BBC 的运营缺乏深入的了解，BBC 自身对西门子公司的设计和开发工作[20]的了解也十分有限。”

这是正确的方法——但收效甚微，为时已晚

在把这个项目带回公司内部后，BBC 采用了另一种不同的方法，即使用“敏捷”方法在用户和技术人员之间创建一些短期的积极成果，就像发现驱动方法所建议的那样。然而，这一切都显得收效甚微，为时已晚。BBC 运营总监多米尼克·科尔斯决定在 2012 年 10 月暂停该项目，并在次年完全终止该项目。他关于该项目的进展情况的阐述如下：

> 技术和数字化变革的步伐非常快。英国广播公司内部的业务和产品需求发生了变化。此外，该行业还开发出了五年前尚不存在的标准化数字生产工具。开发这样一个宏大的、拥有复杂技术的解决方案，能够应对用户对于节目内容多样性和复杂性而提出的各种要求，这被证明比我们所预期的更具挑战性，这也导致了该项目的延迟……目前，我们已决定停止这个总成本 9 840 万英镑的项目。该项目的成本之所以如此之高，是因为许多已经开发的软件和硬件只有在项目完成时才有价值，然而我们已经不能继续在这个项目上进行其他任何额外支出[21]了。

只有具备发现驱动的思维，才能使价值在开发的过程中被创造出来，而不是在最后才得以实现。与其他类型的创新项目一样，那种认为只有整个系统建立起来才能实现价值的想法是极其危险的。

下面，我们将 BBC 的案例与另一个同样规模宏大、雄心勃勃的数字化项目进行对比。该项目致力于将数字化引入癌症治疗中。正如我希望展示的那样，在高度不确定的环境中，使用发现驱动的方法可以产生更多成功的可能性。

在医疗数据中发现一项工作的商业模型

2015 年，美国前副总统乔·拜登的儿子博·拜登死于脑癌。当他试图了解为他儿子提供治疗的医疗系统时，他感到非常震惊。2018 年，他在美国科学促进会[22]发表演讲时表示：“这很可怕，很复杂，很严重，但却被忽视了。”

医疗系统的各部分各自为战，没有连在一起。有用的数据被锁在单独的文件柜中，而没有连接到系统中，医生无法获得对于病人病情有所帮助的信息。尽管我们在对抗疾病方面取得了惊人的进展，但治疗疾病的体系却杂乱无章，且存在严重的缺陷。

2016 年，时任总统奥巴马任命乔·拜登主持国家“癌症登月计划”，该项目的目标是治愈癌症。之所以制定这样的目标，是为了触发一个拐点。特别是，“癌症登月计划”将成为贯穿联邦政府和私营部门活动的关键，它将系统的参与者联系在一起，而在早些年，这些参与者甚至可能从未互相进行过交流。

与此同时，美国国会通过了《21 世纪治愈法案》，该法案要求美国食品及药物监督管理局允许使用临床试验数据以外的数据来支持药物批准（这招致了制药行业怀疑者的批评）。

“癌症登月计划”的宣布、美国食品药品监督管理局的新规定以及创造拐点的愿望，诸如此类的信息明确地告诉我们，该领域即将发生变化。微弱的信号开始逐渐变强。整个领域都蠢蠢欲动，人们急需一种新的跨系统的协作方式。到目前为止，一切顺利。

在人们看待癌症的方式发生如此巨大转变的背景下，一家看似不会成为该领域参与者的数据科学软件公司开启了一场“发现驱动”之旅，想从这个拐点中获益，这家公司就是 Flatiron Health（一家肿瘤研究及癌症治疗领域的医疗大数据技术公司）。该公司的两位创始人在非常年轻的时候就成了企业家，他们的创业经历体现了创业思维的原则，即寻找机会并在适当的时候利用机会。这也就是“环顾四周寻找拐点”的能力。但首先，你需要了解一些相关背景。

从养蛇到广告软件

纳特·特纳和扎克·温伯格是长期的商业合作伙伴。2012

年时，他们只有20多岁，但是他们并不普通，这一年，他们联合创办了Flatiron Health公司。早在2010年，年仅24岁的特纳将他的第一家公司Invite Media以8 100万美元[23]的价格出售给了谷歌。2018年，32岁的他以近20亿美元[24]的价格将自己的第二家公司Flatiron Health卖给了罗氏集团。

虽然纳特和扎克在沃顿商学院相遇之前就已经开始创业，但沃顿商学院的创业项目给他们创造了一个良好的开端，并最终让他们取得了巨大的成功。发现驱动增长方法是沃顿商学院核心创业课程的一部分（这要归功于长期担任创业中心主任的伊恩·麦克米伦）。

事实上，纳特和扎克对医疗保健并没有特别的兴趣。纳特以前的生意都是从业余爱好开始的，后来才逐渐发展成赚钱的公司，例如送餐、网页设计、饲养爬行动物。在经营养蛇生意的时候，纳特发现了一种上网的癖好。就像他自己描述的那样，他为自己建了一个网站，然后其他养蛇人喜欢上了这个网站，他们也想要拥有一个类似的网站。

纳特和扎克的广告技术初创公司Invite Media的发展表明了基于领域的思维和发现驱动的学习是十分重要的。当广告行业出现能够有所作为的苗头时，他们正在沃顿商学院一位创业助理的赞助下，在一家名为“视频鸡蛋”的公司（现在称为赛伊传媒）实习。纳特在接受《金融邮报》的采访时表示：“我们注意到，在线广告行业在技术和应用方面十分糟糕，于是我们开始启动 Invite Media 公司。这既是为了解决广告业当时存在的问题，也是为了创建一家大的企业[25]。”

需要注意的是，他们首先定义了一个宽泛的领域，即在线广告，然后明确了人们在这个环境中完成基本工作时遇到的问题。这就形成了他们所期待的建立一家大型企业的想法。

在发现驱动的计划中，起点是定义什么是成功。注意，并不是预测成功将会发生，而是概述成功的好处。正如第三章所建议的那样，纳特和扎克首先为公司规划了一个潜在的领域，即他们所谓的“美元流”[26]（这与我的建议非常相似，即当你考虑一个领域时，从你正在争夺的资源开始）。然后，他们调查了行业内不同的公司所提供的解决方案在广告商与目标受众匹配方面做得有多糟糕。纳特描述了他们的业务是如何开始的：

> 在某种程度上，我们是从视频广告网络开始的。在优兔成立之前，我们就见过该公司的创始人，他们想要建立一个庞大的视频网站。我们看到了所有视频库存——这些所有人都在看的视频，我们就在想这么多视频居然没有吸引到广告商。我曾经在一家名叫视频鸡蛋的公司工作，该公司每天或者是每个月有 5 亿的视频浏览量，但是这么多的浏览量并没有被货币化。仅仅是提供这些视频的服务器成本就高达 50 万美元。但却没有办法吸引到广告商。

> “邀请”这个名字，实际上源于我们想要建立一个单元，一个广告单元。就像你在特纳电视网上看棒球比赛或其他新的电视节目，在屏幕的左下角会弹出一个对话框。这就是我们所说的邀请。它邀请你去看一些东西，邀请你去做一些事情[27]。

纳特说，他们业务的最初想法可以说是“糟糕透了”。于是，他们将业务转向利用脸书平台投放广告，但也没有成功。最终，他们意识到市场上存在一个缺口，即广告商无法依据相关的视频内容来制作广告，于是他们开始着手创建一个项目，以促进广告空间的货币化。

他们的下一个想法是创建一个电子媒介广告交换产品。这似乎更有希望成功，但正如纳特所说，该公司最终“变形”为基于广告代理的模式。他说，他们花了一年半的时间，才从“让我们探索这个领域”的阶段进入了“这将会奏效，让我们雇用员工并开始干吧”的阶段。他回忆，在那一年半的时间里，投资者们非常紧张，其中一位投资者将创始人提出的实时调整方向的意愿斥为“每日想法”。

最终的转折点是，他们与广告公司合作，针对相关的网络内容投放广告。Invite Mediea 最终卖给谷歌的项目被称为 Bid Manager。它的主要好处是让广告代理和媒体买家能够更有效地进行交易。因此，纳特和扎克最终推出了第一个展示媒体的通用购买平台。这后来成为互联网广告生态系统的重要组成部分之一，也就是我们今天所熟知的互联网支付。

2010 年，谷歌做出了一个有争议的决定，它以 8 100 万美元收购了这家成立仅三年的公司，并让两位联合创始人加入董事会，将其技术与 Doubleclick 产品整合在一起。然而，纳特和扎克都知道这不是他们的长期目标，于是两个人开始四处寻找可能成为他们的下一个机会的新商业创意。

随着 Invite Media 的成功，他们有了信誉，有了资金来源，对未来的员工也有了吸引力。两人都参与了天使投资以寻求创意。正如纳特后来所说："我承认这是自私的。我和扎克通过与创业公司的企业家们接触，了解到很多关于医疗保健行业的信息[28]。"请再次注意这样一种行为，即进行小额投资以开拓新的视角，但是对未来从不报以单一的观点。Flatiron Health 公司就是这样产生的。

从广告软件到医疗?

实际上,成立 Flatiron Health 公司的真正动力来自个人因素。当时，纳特的表弟被诊断出患有白血病。纳特的叔叔对纳特和扎克说："每年有几百个孩子被诊断患有白血病，他们服用的是什么药？这些药起作用了吗？我找不到任何信息[29]。"误诊、转院耽误时间以及他表弟的治疗过程中出现的一系列其他问题，让他们相信，在癌症治疗系统中实现信息流的自动化是一个重要的问题，这个问题值得去解决。

纳特的叔叔提出的这个简单问题，让这对搭档放弃了他们在医疗保健领域的所有其他想法（如医疗保险、医疗事故等），转而考虑搭建一个平台，为癌症治疗系统中的数据流动提供一个统一的视图。正如特纳后来所说的，他和扎克有一个共同的特点，那就是永不满足的好奇心。“我们问了无数个问题，我们想知道为什么会这样[30]。”

他们建立 Flatiron Health 公司的想法是：通过将数字能力和医学培训这两个不同的领域结合在一起，从而为整个治疗过程创建一个不同的视角。随后，这两位企业家经历了一个对这个想法十分“痴迷”的阶段，他们四处拜访医生，每天要见 20 个人，他们努力学习尽可能多的东西。你可以从纳特对其他准企业家的指导中看出学习的重要性：

> 纳特建议尽可能多地[31]与业内人士会面（纳特和扎克在 Flatiron Health 公司起步前见过至少 500 人）。“做笔记，提出想法和原型，将你的想法讲给很多了解它们的人听，如医生、医院管理者、保险公司和诊所，并得到他们的反馈[32]。”

他们发现，通过依靠精通医学的人来寻找软件问题的解决方案是不现实的。Flatiron Health 公司现在所做的是：首先，从社区肿瘤办公室获取结构化和非结构化数据；其次，对这些数据进行复杂的分析，更好地确定某位患者的治疗方案，并从有关信息中找到更多治疗方案。

Flatiron Health 是美国食品药品监督管理局进行改革的受益者之一，该公司能够从电子健康记录中提取数据，并用于支持临床试验。正如美国食品药品监督管理局委员斯科特·戈特利布在 2019 年的一次演讲中所说的，“数字技术是我们拥有的最有应用前景的工具之一，它能够使医疗保健更加高效，更加以病人为中心。这并不是对随机对照试验的控诉，而是一种认知，即我们可以利用新方法、新技术扩大数据的来源，从而为患者制定出更加可靠的治疗方案”。

另一个与美国食品药品监督管理局有关的问题在于，临床试验的人群通常不具有代表性，这可能会扭曲临床试验的结果。有了 Flatiron Health 公司的技术，通过使用更多的数据，为少数人群提供更具针对性的方法成为可能。2018 年，罗氏集团收购了 Flatiron Health 公司，并继续对所谓“监管级别”的信息[33]进行分析。例如，2018 年，辉瑞公司和 Flatiron Health 公司在一次关于乳腺癌的会议上提出了证据证明，在一项高级研究中[34]，Flatiron Health 公司提供的一组病人的数据与之前研究中没有接受治疗的对照组病人的数据相匹配。一个有趣的想法是，如果能够从数据库中获得可靠的数据，反映没有接受治疗的病人的情况，也许就没有必要随机分配病人接受或不接受治疗了。这将使所有参与实验的患者都获得有希望的治疗，同时降低实验成本[35]。

企业家如何环顾四周寻找拐点

纳特和扎克的故事与其他成功企业家的奋斗历程有很多相似之处，他们也能“环顾四周”。特别是，这些年来，我一直在研究那些被称为“习惯性”企业家的人，他们创立了许多企业。从研究的角度来看，他们之所以如此具有价值，是因为他们一遍又一遍地这么做，他们的成功完全不可能仅仅靠的是运气。相反，我们发现，这群人有一套用来收集信息、检测模型、测试假设和收集资源的方法。

他们拥有庞大的非冗余网络，可以通过这些网络提出想法和解决方案。我的同事伊恩·麦克米伦称之为“网”。习惯性企业家不知疲倦地与他人联系，他们尤其喜欢跟那些与自己的知识不重叠的人进行交流。他们充满好奇，这是他们行为中根深蒂固的一部分，甚至可能是无意识的，他们对世间万物的运行方式感兴趣。他们足智多谋。正如麦克米伦所说，他们“用自己的想象力”验证假设，而不是花钱得到答案。他们做事也很快，当新的信息到来时，他们不怕改变方向。他们在他们所看到的事物中寻找新的模式。是否存在服务不足的细分市场？是否存在未满足的需求？是否存在关键利益相关人因为流程中止而围绕流程进行工作的地方？是否存在过剩？是否存在稀缺？

连续创业者史蒂夫·布兰克是我在哥伦比亚商学院的同事，他是创业界的一位传奇人物，曾经指导众多公司，还帮助四家公司进行首次公开募股。史蒂夫说，为了寻找机会，企业家应该时刻充满无尽的好奇心，并通过亲身体验来识别其他人没有发现的模式。为了验证自己的想法，他极力主张“走出办公大楼”，了解一项潜在的创新可能会如何改变客户的生活。他将其称为“客户开发”。史蒂夫将把想法推向市场后的阶段称为“构建阶段”,他认识到新的信息总是需要适应的过程。最后,他认为，连续创业者喜欢的是创业，而不是在发现了可扩展、可重复的模式后去经营它们。这类企业家一旦继续踏上新的旅程，其身后必将留下巨大的价值。2012 年，史蒂夫表示：

> 我喜欢一切，直到它逐渐壮大。从搜索到构建之初我的工作都很出色。当我开始觉得自己成了人力资源部的一员时，就该离开了。在我任职的倒数第二家公司里，我先是亏损了 3 500 万美元，然后筹集了 1 200 万美元，最后每个投资者都得到了 10 亿美元的回报。只有在创业者中，才会有这样一个专门的词来形容失败，那就是所谓的“经验”[36]。

为快速学习制订计划，几乎是成功的连续创业者的本能。普通人也可以学着做同样的事情。然而，它确实需要一种不同于我们通常在业务规划时所采用的思维方式。

“爱上没有特定解决方案的问题……”

在一次哥伦比亚商学院布莱特会议上，我头一次听到这句话。当时，财捷公司设计创新副总裁凯伦·汉森在其发表的演讲中多次提到这句话。虽然许多人似乎认识到了这句话蕴含的智慧，但在以传统方式进行规划的组织中，人们却很难记住它或执行它。

为此，我经常看到组织中的人们会犯一个错误，在他们的头脑中，经常会把所寻求的结果与特定的解决方案联系起来。通过这种方式，人们完全有可能得出一个理想的结果，但这对于实现目标来说是却完全错误的。

例如，宝洁公司最初曾试图将聚氨酯商业化。聚氨酯是一种化学物质，可以用来将不干净的水转换成安全的饮用水。这种化学物质起到了广告宣传的作用，但作为一种商业产品它并没有取得成功，因为它的目标客户不习惯于用稀缺资源换取更清洁的水。这要求客户进行行为上的改变，这意味着该产品的商业化应用将非常缓慢。于是，在 2004 年保洁公司考虑完全终止该项目。

然而，时任宝洁公司高管格雷格·奥尔古德是聚氨酯的忠实信徒，他寻找了一条不同的道路，让需要聚氨酯的人能使用它。巧合的是，就在这个时候，一场毁灭性的海啸袭击了东南亚，宝洁公司提供了超过300万美元的援助，其中包括1 300万包聚氨酯。奥尔古德认为，这是聚氨酯商业模式的转折点。宝洁公司没有试图将聚氨酯商业化，而是将其变成了社会创投。

宝洁公司与国际援助组织合作，这些组织以成本价格购买宝洁公司的聚氨酯产品，然后向灾区免费发放。通过采取这个模式，宝洁也意识到这是一个公关的好机会，它可以帮助他们了解新兴市场的消费者，并让他们在与政府、非政府组织和其他战略伙伴[37]的谈判中占据优势地位。宝洁公司最终卖掉了其他净化水项目，但是保留了聚氨酯项目。这说明了这样一种思路，即可以在不确定最佳解决方案的情况下，完成该领域的基本“工作”。这是一个典型的寻找拐点的案例，而这种做法是基于不寻常和意想不到的环境。

定义什么是成功

要开始一项发现驱动的计划，首先要明确用什么来衡量一个特定计划的价值。我们可以用金钱和数字来衡量，也可以用开放的机会或扩大组织的范围来衡量。正如我们在Flatiron Health公司创始人身上看到的，他们在寻找一个尚未得到充分解决的问题，基本上遵循了“黑天鹅效应”，即当不确定性增加了机会的优势时，它可以创造出更有价值的机会。

下一步是指定基准，以表明项目在关键指标上是否现实。

然后，说明需要如何操作才能使业务成为现实。当你这样做的时候，你会发现自己做了很多假设。把它们写下来，然后思考如何验证，甚至推翻这些假设。

把以上内容结合在一起的实践,是围绕关键的学习时刻（我称之为“检查点”）进行计划。这也是发现驱动计划与传统计划的不同之处的一种方式。“检查点”可以是自然发生的事件（无论是否加以监管），也可以是实验的一部分。无论如何，快速通过检查点是调动面临潜在战略转折点的组织的积极性的关键所在。

发现驱动计划非常适合这样一种情况，即变化（可能带来拐点）增加了决策者面临的不确定性。它可以提供结构、约束经过深思熟虑的资源利用。

在一个完全不同的环境中发现驱动思维

为了避免你认为这种方法只适用于高科技初创公司和其他大型的商业项目，让我们通过一个案例来检验一下这种思维方法。这个案例是我在 Kickstarter（为具有创意方案的企业筹资的众筹网站）上看到的一个真实项目[38]。

随着塔吉特、沃尔玛和其他大型零售商销售的玩具越来越多，电子终端设备上的娱乐项目开始挤占传统玩具的市场，儿童“老去”的时间越来越早，数以百计的零售商关门大吉。玩具行业正在经历着拐点。尽管许多电影大片和玩具相关产品推动了该行业的强劲增长，但该行业最大的零售商玩具反斗城还是在2018年关闭了其在美国的业务。

此外，数字革命并没有绕过玩具行业。许多初创企业（甚至是一些老牌企业，如美泰公司）正在为它们的玩具添加数字组件。

下面，让我们来看看Kickstarter网站上的一个真实项目。该项目团队试图将玩具的物理属性与先进的数字智能相融合，并从其中获益。该产品名叫Octobo，由玩具公司Thinker-Tinker生产。Octobo是一个实体毛绒玩具，里面装满了传感器，可以对触摸和移动做出反应。它的智能反应来自插在其内部的芯片。

该玩具的发明者希望Octobo能够为孩子（和父母）提供一种教育和互动的体验。因为该玩具的智能是基于内部芯片的，所以这个玩具可以和孩子一起“成长和发展”。该玩具本质上提供的是一个可以升级的对象[39]。

这个项目获得了OpenIDEO（线上设计平台）奖，Thinker-Tinker的创始人苏玉婷在提交给该奖项的说明中讲述了该项目的发展过程。她说，她将Octobo称为“豪华的陪伴机器人”，该项目的灵感来自她的亲身经历。2015年，她正在准备南加州大学游戏和互动媒体设计专业的硕士论文，就在这个时候她怀上了自己的孩子。正是在这个背景下，她设计了Octobo。

她这样描述了她试图解决的问题：

> 当前市面上的玩具和学习工具不能为幼儿提供一种安全而具有吸引力的学习方式。儿童成长的速度很快，但很多时候玩具跟不上儿童的学习速度，重复使用的价值有限。如今，大多数整合了先进技术的玩具实际上不利于孩子的成长，它们占据了孩子与家人、其他孩子在一起的时间，甚至是阅读实体书的时间。而 Octobo 与孩子一起成长的能力，正是数字产品解决这些问题的能力的表现。

苏玉婷凭直觉感受到的、看到的那个角落，正是这个行业的缺口。一方面，传统的玩具只能做一两件事，孩子们很快就玩腻了。另一方面，数字化的界面并不适合非常小的孩子，没有交互性，只能鼓励更多的被动娱乐。她意识到，家长们会对一款能促进互动和学习的玩具产生热情，而不是沉迷于传统数字应用程序的游戏。她的灵感就是创造出一种玩具，既能拥有可爱的毛绒外形，又能拥有平板电脑的交互性。

正如她所观察到的，随着电子设备的普及，孩子们缺少在现实世界中玩耍的机会，而这对孩子的运动和其他技能的发展至关重要。正如她在 2018 年的一次采访中所说，“体育运动能够训练我们，帮助我们成长，它能够锻炼我们的手眼协调能力，甚至训练我们最小的肌肉。不同的纹理，可以帮助我们感知物体表面，从而让我们的身体进行学习。我们不仅需要智力上的学习，而且需要通过触觉[40]进行身体上的学习”。虽然 Octobo

和 Thinker-Tinker 的发展还处在初级阶段，但数字产品和实体玩具的结合可能会为传统玩具行业创造一个重要的转折点。

Octobo 项目中所包含的检查点如下：

- 通过脸书广告来收集潜在用户和消费者数据；
- 确定项目规模所要求的潜在制造商；
- 意识到可以通过与内容创建者建立联系来超越内部生产，从而更快地进行内容开发；
- 确定教育者提供专业内容并评价产品的设计；
- 确定成功的关键指标和衡量方法；
- 与模型产品进行大量的交互。

上述每一个检查点都代表了一个时间点，在这个时间点上，项目团队可以对所做的关键假设进行测试，通过学习可以进行后续的项目选择。截至本书撰写之时，Kickstarter 的这一项目已接近完成其目标，团队面对的下一个主要不确定因素是如何在项目要求的质量水平上扩大生产能力。这款玩具也得到了许多积极的评价，目前正处于试运行阶段。

超越创新剧场

为了从一个能够真正带来机会的拐点中获益，组织的领导需要开发一个连续的创新流来取代已经消失的优势，或者以一种有意义的方式来应对那些意味着旧的商业限制已经改变的挑战。不幸的是，许多组织仍然在处理“创新剧场”，这其中有许多口头上的承诺，但是过程本身缺乏严格性、企业层面的实践、衡量标准和其他使创新更为熟练的基本要素。

也许创新的最大阻碍在于，人们认为创新都是伟大的想法。有人说，有了足够好的想法，其余的事情就会像魔法一样奇迹般地发生。但事实远非如此！

好的创意固然很重要，但现实中，创新者最初的那些好的创意很少能最终推向市场。相反，创新者需要将想法付诸实践，使想法变得更加具体化和市场化，并最终通过“加速”阶段。只有通过上述过程，创新者的创意才能做大规模，成为企业运营业务的一部分。而发现驱动计划能够为这个过程提供路线图。

关键点

当拐点到来的信号越来越强时，探索如何应对它们将是十分有意义的。然而，你仍然会面临一个难题，那就是你所做的假设和基于事实的知识这两者的比率很高。因此，前进的最佳途径是部署一种“发现驱动”的方法，在这种方法中，你计划将假设转换为知识，而不是简单地证明自己是正确的。

在该阶段，你的目标是产生尽可能多的可能性，并看看自己是否能使它们迅速失效。

不要担心是否正确。相反，要考虑是否值得进行下一步学习。

从你的领域开始：资金从哪里来，那里是否有足够的资金让你的努力物有所值?

习惯性企业家使用一套帮助他们发现问题的方法，比如建立各种各样的非冗余关系网，以获取建议、资源和洞察力。你也可以学习这些做法。

第六章

激励组织

大趋势并不难发现，因为人们经常在谈论它们、书写它们，但是对于大型组织来说[1]，要接受它们却异常困难。

——杰夫·贝索斯

想象一下，微软公司的高管们正在开会，会议开始时，屏幕上赫然显示着“同理心”几个字。至少可以这么说，对于那些曾在该公司工作的员工来说，这可能会让他们感到些许意外。然而，这就是微软第三任首席执行官萨蒂亚·纳德拉充满激情的信念——他相信这将改变公司——要与客户产生共鸣，与他人产生共鸣，营造一个心理安全、以成长为导向的工作环境。

下面的漫画描述的是 2011 年微软公司的内部竞争以及敌对文化，这与纳德拉的理念大相径庭（见图 6.1）。

纳德拉决心消除人们对微软的固有印象，并激励员工对公司的未来有共同的看法。媒体对他担任公司首席执行官后做出的改变赞誉有加，事实上，早在他担任该职务之前，他就开始使用这种方法了。在微软的整个职业生涯中，他利用周围人的力量，建立了对未来的看法。

这就是本章的核心内容。通常情况下，当公司的首席执行官和高级领导者成功时，我们倾向于为他们赋予超自然的力量；

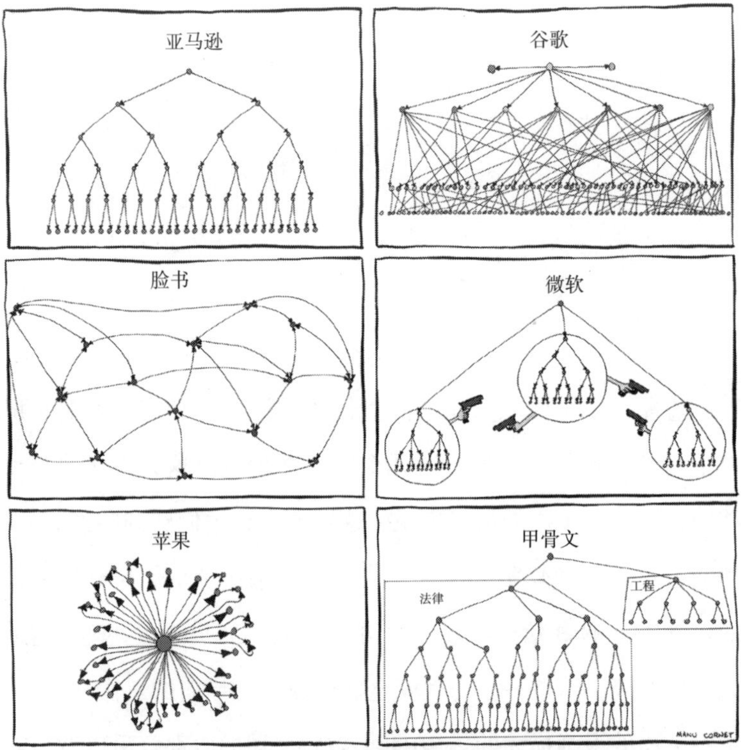

图 6.1　微软公司的内部竞争以及做对文化

而当他们失败时，我们倾向于给他们赋予致命的缺陷。但是激励组织的真正英雄通常在组织的其他层级。事实上，你可能就是其中之一。

他们是那些与组织的工作层面密切相关的人，也就是我们在第一章中所说的处于“边缘”的人，他们是对实际发生的事情有真正洞察力的人。高级领导的角色通常更多的是为这些人提供表达见解的空间，识别那些重要的见解，并授权那些拥有丰富知识的人去执行。

在能够很好地应对拐点的组织中，这些人的意见会被倾听，这些人的想法会被执行，这些人也会被提升到更有影响力的职位。相反，在无法有效处理拐点的组织中，这些人传递的信息（无论好坏）得不到倾听，因此他们的想法也无法被执行。也就是说，我们需要进行转变，从认为组织是繁复的，转变为认为组织从根本上是错综复杂[2]的。这里最大的不同是，在一个繁复的运营过程中，你可以通过简单地知道初始条件来预测接下来会发生什么。而在错综复杂的情况下，各个不可预测的因素交互作用，导致结果是不可预测的。

开飞机就是一个很好的例子。波音 747 是非常复杂的机器，但我们已经知道让它的运行相对可预测的方法。然而，空中交通管制系统是错综复杂的。它的各个部分是相互联系、相互影响的，这意味着事情随时都可能发生变化，从而产生令人惊讶或意想不到的结果。

同样，在一个组织能够对一个正在出现的拐点采取行动之前，需要有相当一部分人相信他们确实处在一个转折点上。也就是说，如果现在不采取行动，那么未来将是暗淡的。尽管公司高层领导者在这个过程中应该凝聚人心，使员工向着这个共同的目标迈进，但是身处组织中的员工，无论职务高低，才是真正促使理想结果实现的力量。

如果将这些关键的活动放在组织中最高层领导者的手中，

那么这个项目注定会失败。高层领导者的职责是协调组织中的个体，而不是试图控制一个复杂的局面，只有这样，人们才会觉得自己被充分授权，无论在组织中所处的职位高低，他们都能够在新的信息出现时采取快速、自信的行动。

微软 Kin 系列手机的光明崛起和悲惨落幕

2010 年，也就是在纳德拉执掌微软之前，微软公司推出了 Kin 系列手机，其结果是灾难性的。这个案例说明了把从根本上错综复杂的环境当作繁复环境来对待所产生的不良后果。让我感到悲哀的是，我一直认为这个战略非常有智慧，不仅产品本身有很多有趣的元素，而且这个团队也非常有才华。它的失败为我们提供了许许多教训，让我们知道在面临拐点时如何不采取行动。

历史一瞥

1991 年，阿拉德从波士顿大学毕业后不久加入了微软公司。最初，他只是一名网络程序员。1994 年 1 月 25 日，他看到了当时人们面临的最大拐点——互联网的崛起。

首先，给大家提供一些背景。阿拉德是那些处于边缘的人中的一员，他在早期就察觉到了潜在的威胁和可能出现的拐点，并将这些信息传递给高层领导者，以促使整个组织采取有效行动。

1991 年加入微软公司后，他是第一批看到即将到来的拐点的人之一。对于一家以销售个人电脑软件为生的公司来说，互联网无疑代表着一个转折点。1994 年 1 月，在互联网出现明显拐点之前，阿拉德写了一份备忘录，名为《Windows：互联网的下一个杀手级应用》[3]。他在备忘录中写道："互联网为微软提供了一个不可思议的机会，可以从客户需求、技术挑战、服务质量、电子商务和信息浏览技术[4]等多个层面对互联网进行有效探索。"当时他只有 25 岁。

阿拉德对未来世界的看法是如此生动，以至比尔·盖茨召开了一次引人注目的全天会议，高级主管和一群年轻人都参加了会议，阿拉德就是其中之一。被《纽约时报》称为"福音传道者"[5]的阿拉德充满激情地指出，这将彻底改变世界。一位与会者后来回忆说，盖茨总结道："我们将在互联网上押下重注[6]。"会后发布的 Windows 95 操作系统中加入了对互联网友好的 TCP（传输控制协议）/IP。（该协议后来使微软陷入困境，因为它可能会削弱独立互联网浏览器 Netscape 的竞争机会。）最终，阿拉德的信息激发了公司的重大转变。

此后，另一个威胁到微软的拐点的微弱信号也在边缘出现。在这个案例中，索尼称其 PlayStation 2 将成为家庭娱乐、信息共享和其他数字活动的中心，这对传统个人电脑构成了威胁。于是，阿拉德的团队开始行动起来，他们推动微软进入游戏业务，以迎接迫在眉睫的挑战。在施加了一些压力之后，阿拉德加入了后来的 Xbox 团队，人们普遍认为他在该产品的设计和成功销售中发挥了关键的领导作用。随后，他还带领微软进军 MP3 业务领域，但最终以 Zune 音乐播放器失败而告终。即便如此，也并不影响他在公司内的声誉以及与比尔·盖茨的良好关系。

进入移动计算的拐点

接下来将要介绍的事情发生于世纪之交。当时，手机风靡一时，有报道称当时有超过 10 亿人随身携带手机[7]。然而，手机在当时的主要功能还是打电话和发短信（还记得“黑莓祈祷”①吗）。前苹果工程师安迪·鲁宾、马特·赫辛森和乔·布里特于 2000 年成立了一家名为 Danger 的公司。他们的愿景是创造一个“端到端的无线互联网解决方案，专注于承受力和良好的用户体验[8]”。

他们发明了一种可以装在裤子的屁股口袋里面的微型电脑，因此把它命名为“屁股口袋电脑”（Hiptop）。最初这款产品后来以 T-Mobile Sidekick 的名字被大家所熟知的产品，被称为“花生”。该产品的创始人想让普通人也能随时随地上网。当时，人们只能坐在办公桌旁浏览大型门户网站，并在网上进行互动，而且通常只是在工作时间。相比之下，“花生”是一种物美价廉

① “黑莓祈祷”是指对黑莓手机上瘾的用户的一些不寻常的行为。——编者注

且能够使用密钥卡的设备，人们可以用它随时下载并随身携带信息，如存储在大型门户网站上的待办事项列表、电子邮件、邮箱地址等。它使用单向传输信息的方式。其商业模式是以1美元的价格向用户出售设备，然后按月向门户网站收取每个用户的费用[9]。

我们现在认为这个设备的发明是一个重大的突破，而在当时看来这只是渐进式的。“花生”的目标是让用户每天能够将自己的“花生”同步到他们的计算机上（以及他们喜欢的门户网站中），从中下载重要的数据（当然，信息只能从计算机单向同步到“花生”）。开发团队认为，该设备每天可以通过调频广播副载波进行多次小的更新。他们认为，如果你能接收到调频广播，你就能接收到信号。公司计划通过在主要城市租用该频谱来达到这个目的。根据当时Danger公司高级工程师克里斯·德萨沃的说法，使用调频广播信号的想法被证明是一个非常糟糕的主意[10]。

利用调频广播信号的想法注定无法取得成功，于是项目团队放弃了这个想法，转而探索一种基于GSM（全球移动通信系统）网络的双向通信潜力，这种技术被称为GPRS（通用无线分组业务）。该公司的一位投资者甚至找到了一家对应用这项技术颇感兴趣的通信运营商，该运营商正在寻找能够利用这项新功能的设备。这家运营商就是无线话音传输公司，它是一家由西部数据公司拆分而来的公司。（我是无线话音传输公司最早的语音用户之一，我当时曾拥有一部爱立信手机。）2001 年，无线话音传输公司被德国电信收购，并于 2002 年更名为 T-Mobile USA。

在实时双向通信的诱惑下，这个团队放弃了“花生”的想法，转而计划打造一款能够连接世界的通信设备，并且希望其他人也都想要使用这款设备。由此，Hiptop 诞生了，德萨沃将其描述为“第一款始终在线的联网智能手机”。这款设备包含许多创新功能，有我们今天所说的实时数据的云端存储，还有被称为“趣味下载”的应用程序商店。

2002 年 10 月，T-Mobile USA 将这款手机重新命名为 T-Mobile Sidekick。它变得非常受欢迎，成为名人和青少年的首选设备。

关于 Kin 的构想：一个破坏性的想法

让我们再回头看看阿拉德。有段时间（具有讽刺意味的是，就在苹果公司准备发布第一部 iPhone 的同时），阿拉德看到了 T-Mobile Sidekick 所带来的手机市场的空间。这将是一款“与平台无关、以云计算为中心的功能手机”。这款手机功能强大，价格低廉，市场空间巨大。它的目标客户主要是青少年，因为他们不需要黑莓级别的设备（或定价[11]）。

阿拉德相信这款手机的市场是巨大的。它的目标群体是那些想要拥有智能手机所提供的功能，却不想要昂贵的设备价格和数据流量套餐的人。它将被出售给那些生活在社交媒体上的人（通常是年轻人），这些人希望通过手机相互发送照片和文本。要实现这个目标，第一步就是要收购 Danger 公司。于是，微软公司于 2008 年 9 月耗资 5 亿美元[12]收购了 Danger 公司。

我想在这里发表一些自己的看法。实际上，我认为这种策略可能会奏效。制造一款既能吸引低端市场，又具备高端功能，并且价格足够便宜的手机，可能会给行业带来相当大的颠覆。它对微软的影响，就像廉价个人电脑的出现一样。然而，要做到这一点，他们必须迅速进入市场，并得到公司的全力支持。

阿拉德是个有说服力的福音传道者，其他人也认为这是个好主意。最初，许多潜在的合作伙伴热切地想要参与到这个项目中。最终，微软与夏普公司合作生产手机，而威瑞森电信公司则成为他们的独家运营商。阿拉德在时任首席执行官史蒂夫·鲍尔默的支持下，使自己的组织完全脱离了 Windows Phone 高端团队。他试图从整个公司调取资源，例如从 Zune 团队。

这两项业务分别位于微软的两个不同部门。Pink 项目（Kin 项目的另一个名称）在娱乐和设备部门，由罗比·巴赫领导，他是一位备受尊敬的高管，Xbox 的成功也归功于他。Windows 产品在他们自己的开发部门，由安迪·李斯领导。

与此同时，苹果的 iPhone 已经引起了轰动。Danger 的创始人安迪·鲁宾创建的安卓系统被谷歌公司收购，于 2007 年发布，并于 2008 年开始发售。微软呢？却没有什么动静。一位观察人士表示，微软在移动领域的业务正在萎缩[13]。

这就是问题开始的地方。瘾科技（Engadget，一个专注于数码产品报道、评测的博客）报道："坦率地说，他（李斯）不喜欢 Pink 项目。根据我们得到的消息，李斯对 Pink 项目心存嫉妒，他担心该项目会从微软移动项目中抢走人气（可能还有资源）。通过不断地施压，李斯最终如愿以偿。在他的指挥下，Pink 项目落马，阿拉德被迫退居幕后[14]。"

关于 Kin 项目的其他故事是相当悲惨的。李斯做了很多推迟项目[15]的决定，比如让操作系统更像 Windows 7。他也不支持在用户期望的关键功能上进行大量投资。威瑞森电信公司最初同意提供入门级数据套餐价格，但最终提供的套餐费用却远远超出了目标客户的承受能力。这款手机仅在市场上销售了短短六周便以失败告终。代价几何？许多观察人士说，Kin 项目的花费超过 10 亿美元。因为该项目的失败，史蒂夫·鲍尔默当年的奖金被削减了一半[16]。为此，阿拉德的另一个项目（类似于 iPad 的早期版本，叫作 Courier）也被取消了，据说是因为微软的权威人士觉得它与 Windows 移动领域的发展路线不一致。阿拉德最终离开了公司。

Kin 项目存在的问题表明，微软领导层在激励其员工实现共同愿景方面遇到了困难。正当世界向更紧密、更集成的客户体验方向发展时，微软却还在凝聚公司人心上苦苦挣扎。

该公司长久以来的正确做法，是倾听"边缘人"的声音，尤其是在比尔·盖茨时代。该公司长久以来的困扰，是无法将这些信息转化成全员共同的目标[17]。

2000 年，微软的市值为 6 420 亿美元。在接下来的 10 年里，微软保持在台式电脑领域的市场主导地位，并从中获取巨大的回报，产生了巨大的现金流。1996—2005 年，“Wintel”（以 Windows + Intel 方式设计的微处理器）在个人计算机操作系统中占有主导地位。然而，到 2012 年，“Wintel”操作系统的份额已经下降到了 35%，因为苹果和谷歌的设备逐渐将其挤出市场。

在史蒂夫 · 鲍尔默的领导下，微软发布了 Vista 操作系统，该操作系统是对 Windows 核心平台雄心勃勃的彻底改革，它的设计耗费了很长的时间，却备受客户指责。一些人认为，Vista 操作系统的研发分散了微软的精力，使其无法专注于应对智能手机和移动应用程序所带来的用户增长。的确，在 iPhone 即将上市的消息公布后，史蒂夫 · 鲍尔默曾嘲笑它。他相当理智地判断，一部没有键盘的电话对商务人士是没有吸引力的。他认为，由于 iPhone 的价格过高且没有键盘，这将限制它的消费市场。他说：“我还是喜欢我们的策略。”[18]

本质上，尽管微软意识到移动设备将会变得很重要，但它却没能据此创造出一款引人注目的产品。正如《大西洋月刊》的德里克在 2013 年所说的那样：“微软并不制造人们真正喜欢的东西，而是为人们，尤其是商务人士，制造他们自己认为必须要使用的东西[20]。”在史蒂夫 · 鲍尔默宣布退休计划后，《纽约客》的一位作家几乎在同一时间表示："微软需要一个既能吸引优秀开发者，又能预测发展趋势的人。他们需要一个与鲍尔默截然不同的人。"

同理心是一种激励力量

微软 Kin 项目的落马以及其在世界领先的移动通信业务方面（显然是技术领域的拐点）的失败，都证明了微软缺少能够驾驭拐点并取得成功的一个重要因素。仅仅看到拐点是远远不够的。为了调动全体员工聚集在拐点所发出的微弱信号周围，在全公司范围内提出对于未来的共同愿景是至关重要的。相反，现如今微软的案例，教科书般地为我们说明了应该如何做到这一点，让我们从"同理心"这个词开始讲述。

2014 年 2 月，萨蒂亚·纳德拉接任微软首席执行官一职，结束了微软长达 6 个月的从公司外部寻找候选人的艰难时期。在纳德拉的第一次公开评论中，其用来动员公司员工的主题是显而易见的。他的第一个承诺是创建"以人为中心"的信息技术[21]，贯彻以用户为中心的理念，无论用户是在工作中还是在生活中。他克服了多数人对以消费者为中心的业务和以企业为中心的业务之间的传统认识。他提出要创造伟大的体验，而不是制造伟大的产品。他谈到了伙伴关系、生态系统以及与他人合作。

最重要的是，纳德拉非常重视企业文化。正如他所说："有的事情只有首席执行官才能做，那就是为企业设定基调、凝聚人心，建立企业文化[22]。”他做出的最大改变之一就是明确地把重点放在先行指标上，这与我在本书中描述的理论完全一致。他解释道：“我们不再谈论成功的滞后指标，也就是收入和利润。我们关注的是成功的先行指标，那就是‘客户的爱’。”正如纳德拉所描述的，他所面临的挑战是让整个公司爱上这些成功的先行指标。

事实上，这就是本章的全部内容：你应该如何让一大群人都对引领未来成功的指标持有共同的观点。

构建弹性文化

在任何一个成功的组织中，开发可重复的业务模型和确定新的业务模型之间存在典型的紧张关系。当一个商业模式是可重复的，那么公司的重点将放到如何把该模式变为效率导向上。毕竟，如果情况变化不大，你可以采用下面的方法来优化系统，即将所有活动分解为若干个部分，并使每个部分的效率最大化。自亚当·斯密时代以来，上述理念就一直贯穿于管理实践之中。这也是弗雷德里克·温斯洛·泰勒的著作[23]中不可或缺的重要部分，即组织应如何运行。如今，我们正转向优化员工行为[24]的算法。

困境在于，如果一个组织面临的挑战不是可复制的商业模式的执行，而是关于创新或应对复杂情况，那么将事情分解成简单的若干部分的想法不仅没有帮助，而且可能会变得十分危险。如前所述，公司领导需要让组织进行持续的优化重构，而不是让组织保持稳定的结构。他们需要能够灵活地进入和退出新环境。他们需要能够统一分配企业资源，而不是让其各自为战。他们需要能够获取新信息并对其做出反应，而不必担心自己会被视为优柔寡断。而且，他们需要记住，每个声音都很重要[25]。上述做法与企业文化有关，这种文化是为了在面对复杂性时保持弹性而建立的，而不是为了执行。

纳德拉认识到，转移公司的工作重点已经迫在眉睫，他们急需把公司的工作重点由向市场推出好的产品转向建设和激发新的能力。在微软，这种转变需要结构上的变化，因为相比其他能力，公司的业务单元是被弱化了的。正如纳德拉在2018年所说："我想要拥有硅谷的能力。我想要拥有云计算的能力。我想要拥有人工智能的能力。我想要将设备赋予伟大的产品美学。然后，我们希望能够将这些能力应用在不同的时间、不同的市场中……数字化不承认任何业务单元。你需要能够把所有资源整合在一起[26]。"

2016年，纳德拉安排了紧凑的行程，拜访了许多利益相关者。其间，他向这些利益相关者阐明了自己对于公司发展的宏伟目标。他谈道："公司的首席执行官应该做些什么？你必须能够对不确定的未来做出判断，并建立企业文化。我觉得，这次行程[27]让我学到了很多与这两者相关的东西。"

在早期，纳德拉强调的重点就像一支利箭，直指微软传统竞争文化的核心。在传统的文化中，"智慧的谈话"和知道很多事情是非常宝贵的。人们通常进行激烈的争论，但目的只是证明自己是正确的并赢得口舌的胜利。纳德拉在2017年出版的《刷新》一书中表示，他意识到人们的这种态度在很大程度上与卡罗尔·德韦克所说的“固有思维”[28]是一致的。深刻理解“固有思维”的人会花很多时间变得优秀，证明自己有多优秀，并追求正确。相比之下，用“成长型思维”处理问题的人更注重学习，对新信息秉持开放的态度，他们关注的不是自己变得更好，而是把事情做得更好[29]。于是，纳德拉着手研究如何在微软的企业文化中植入成长型思维模式。

德韦克本人也为微软公司提供咨询服务，她称赞纳德拉对新知识的渴望和从错误中总结经验的意愿令人叹为观止[30]。

在重构了企业文化之后，纳德拉马上聚焦到另一个关键问题上，即谁将进入领导团队。正如他所说：“我对那些想要进入领导团队的人进行了优化。多年来，微软培养出了一批想要经营自己事业的领导者。今后将不再如此。要想掌控局面，你必须学会团队合作。这将是一个非常不同的微软。而这对我来说十分重要。”在纳德拉选择领导者时，看中的是清晰的思路、创造活力和抑制发牢骚的冲动的能力。他说：“如果我说，‘嘿，看啊！你在一个垃圾场，你的工作就是找到玫瑰花瓣’，而不是说，‘天啊，我在一个垃圾场’。拜托！你是领导者。事实正是如此。你不能抱怨约束，因为我们生活在一个充满约束的世界[31]。”

因此，在管理会议上出现了有关“同理心”的讨论。

明确目标……我敢说“战略”

作为研究战略的人，我经常遇到的一个问题是，战略的概念以及与之相关的长期影响是否有用。毕竟，当竞争优势转瞬即逝且未来是不可能预测的时候，为什么要花这么多精力去定义一个关于未来的观点？

这是大错特错的。在一个复杂的情况下，当你想要授权给整个组织，让组织中的员工能够在没有上级指导的情况下行动时，让每位员工清醒地知道企业目标是什么以及如何参与其中，是十分重要的。只有全员充分理解我们所要努力实现的共同目标，分布式行动才有可能实现。

战略和结构不清，决策制定不明，资源消耗无序的组织，最终会导致人们迷失其中，组织由此成为人们内斗的舞台，这也最终导致了 Kin 项目的终结。只有拥有明确的目标、广泛的共识，甚至还有激情，人们才能朝着一个共同的方向团结努力。

2014 年，纳德拉阐述了他制定的总体目标：“我们要成为一家百年老店，让人们在工作中找到深层意义，这是我们的追求[32]。”在相当短的时间内，他彻底改变了微软过去的战略。他把公司的重心放在云计算，而不是桌面软件上。他放弃了通过收购诺基亚手机资产进军智能手机市场的失败尝试（有人说，这次撤离行为让微软付出了超过 86 亿美元[33]的代价）。为了实现占据全球云计算领域主导地位的雄心，他在数据中心上投入巨资。他还斥资 260 亿美元收购了社交网站领英。他勾勒了公司的新使命："我们的使命是让地球上的每一个人和每一个组织获得更大的成就[34]。"而且，这一系列方向性的转变，让很多熟知这家基于 Windows 的公司的人感到震惊，因为他以许多巧妙的方式使 Windows 不再那么重要。

让每个人都能发现转折点并采取行动

正如读者在本书中所看到的，在拐点中取得成功的关键是组织中的每个人，而不仅仅是领导者，他们都具有能够发现拐点并据此采取行动的能力。纳德拉对此深信不疑。正如他在《刷新》一书中所写的："我们有时低估了我们每个人能做的事情，而高估了别人需要为我们做的事情。有一次，在与员工的交流中，有人问我：'为什么我不能用手机打印文件？'我虽然很生气，但还是很有礼貌地跟他说：'去打印吧，你有这个权力。'"

纳德拉建立了正式和非正式的机制，以确保能够听到员工的声音，并认真对待他们的见解。例如，在定期召开的高层领导会议上，开场有一个被称为"令人惊奇的研究者"的环节，在这个环节中，来自公司各个部门的团队会把一些有趣的事情展现给整个执行团队。在《快公司》的一篇报道中，哈里·麦克拉肯描述了一个总部位于伊斯坦布尔的团队是如何面带微笑地展示他们开发的一款为盲人读书的应用程序[35]。与前几任不同的是，纳德拉强调他的领导会议要“像团队运动一样”进行。这种信息的自由流动有助于思想在组织中渗透，并为决策提供途径。

纳德拉还确保自己能够接触到可以影响自己的世界观以及有可能为自己提供新见解的经历。他的儿子扎因患有严重的脑瘫，受此影响，他开始关注微软的残疾人社区团体。他定期与他们会面。是的，这种交流的机会与正常组织的团队进行的上下级交流沟通不同。

另一次难得的体验也让纳德拉产生了不同的想法。他有机会跟随网飞公司的首席执行官里德·哈斯廷斯参与了网飞公司的内部项目，当时哈斯廷斯是微软的董事会成员。纳德拉很少接触微软以外的公司，微软公司的特色是让每一名员工都证明自己是多么正确，而网飞公司的工作环境却让他大开眼界。ValueAct Capital 的首席执行官梅森·墨菲特回忆，纳德拉曾经对他说：“网飞公司能够迅速转向基于新数据的业务。与微软公司所建立的[36]官僚机构相比，非常有趣。”

2014 年，纳德拉聘请了佩吉·约翰逊担任微软公司的业务发展副总裁。纳德拉对约翰逊说：“我希望你在雷德蒙德之外的时间，跟在雷德蒙德的时间一样[37]。”（雷德蒙德是微软公司在美国华盛顿州的总部所在地）他之所以这么说，显然是希望约翰逊能够充分从外部资源中获取新的信息，并与硅谷建立密切联系。他本人也定期造访硅谷（这是微软首席执行官的新习惯），而且他向硅谷的初创企业抛出的橄榄枝已经开始开花结果。其中一些企业正在利用微软的 Azure 云平台建立自己的业务，而不是简单地默认使用亚马逊的网络服务。

纳德拉还确保他的团队知道，只要他认为团队的努力是有希望的，那么他必将全力支持。当他第一次看到微软的全息眼镜（HoloLens）时，大吃一惊。（HoloLens 项目是在纳德拉成为公司首席执行官之前微软进行的保密项目。）负责该项目的亚历克斯·基普曼说：“纳德拉从说‘我不知道此为何物’到说‘这就是计算的未来’，这是我所见过的最快速的转变……从那以后，他就成了这项技术的坚定支持者[38]。”

微软以 260 亿美元收购领英公司，是为了从该网站收集 5 亿用户的相关数据。因为相比脸书和推特等个人平台，领英是一个专业网络，从该网站看到不良行为的风险要小得多。加上世界各地使用微软办公软件的用户超过 10 亿，这么庞大的用户群体能够帮助微软测试人工智能软件，促进机器学习。访问领英的宝贵数据也有助于微软“看到”未来的趋势和跨平台的讨论。

“环顾四周”还有一个部分，就是决定哪些东西与未来无关。纳德拉放弃了一些前景有限的项目，比如微软手环，这是一款具有运动追踪者风格的健身追踪器。当得知移动电话业务的拐点与微软擦肩而过[39]时，他做出了一个艰难的决定。他关闭了从诺基亚手中收购的手机业务，放弃了 70 亿美元的资产，裁掉超过 2 万名员工。但与此同时，他鼓励微软开发跨越不同技术领域的软件，加入了史蒂夫·鲍尔默曾经称为“癌症”的 Linux 基金会，并参与了相关软件的研发。[40] 然而，鲍尔默后来改变了对 Linux 生态系统的看法，并于 2016 年说："现在，我爱上了它[41]。"

领导者也很容易宣扬人们应该从失望中进行学习。但是，当真的出了问题的时候，他们却很难接受这种理念。2016 年 3 月，微软公司在推特上发布了一款名为泰伊的人工智能聊天机器人。这款机器人由微软未来社交体验实验室研发，其目的是了解如何使用这些技术与真人互动。

不幸的是，对微软来说，推特被证明是一个非常不适合机器人的环境。发挑衅贴子的人很快就发现，如果他们发送种族主义、性别歧视和其他负面信息，泰伊也会回复相关内容。仅仅一天的时间，这个机器人就被洗脑了，随着时间的推移，它发送的信息越来越无礼。评论家们乐此不疲，这次实验成了一个巨大的耻辱，机器人被"拿下"。

纳德拉的反应如何？他给团队发了一条信息："继续努力，要知道，我和你们在一起[42]。"正如他经常说的，有时他的职责是在出现问题时提供"掩护"。这进一步鼓励了全公司上下所有员工勇于担当。

纳德拉还用一个名为"一周"的活动取代了一年一度的全体会议，该活动目前已有来自美国、中国、印度、以色列等国家的 18 000 名参与者。他们可以选择自己感兴趣的项目。人们可以在微软所谓的"车间"试验新想法。该车间的工作台上提供了几十个应用程序，包括从 3D 绘图到翻译演示文稿字幕等各种各样的任务。其中有些想法是异想天开，但都是在组织所接触的边缘进行鼓励性实验的结果。

调整激励措施

因此，现在我们了解了企业文化和企业战略的重要性。到目前为止，确实如此。但是，创建一个更具弹性的组织，往往取决于对激励机制和奖励机制的彻底改革。以下现象十分常见，即在团队推出了一项闪亮的新战略时，却没有任何措施来保障该团队因此受到奖励，而只是获得与公司的其他团队一样的待遇。然而，这必将对人们的内心和思想产生影响。

微软公司的激励机制也发生了重大的转变。奖励依据由销售某种产品的数量，转变为使用某种产品的用户数量。该公司已经实行团队与领导者共担绩效指标的模式（目的是加强内部协作），并区分绩效指标和领导指标。其中，绩效指标用来评估员工本年度收入和利润等方面的表现，领导指标用来评估他们下一年度的表现。主要绩效指标包括客户满意度、“客户的爱”的程度等。

正如纳德拉所说：“我们追踪的指标包括每月活跃用户、月活跃用户与日活跃用户之比、消费以及消费增长。这些都是我们衡量的指标，就像我们按部门衡量任何一个季度末的收入或利润一样[43]。”

最后的想法

本章重点讨论了激励团体合作的重要性，并以微软转向云计算、人工智能和不同商业模式的案例对此进行了说明。任何一家正在经历拐点的组织都可以参考上述方法。面对复杂的环境，命令和控制、个人最大化其目标等，都是潜在致命伤。

现在，让我们想想，几十名、几百名或几千名员工拥有共同目标的巨大力量。这是寻找拐点的关键因素。

关键点

仅仅看到拐点即将到来是不够的。组织中的许多人需要围绕一个共同的观点进行协调，以便有效地应对拐点的出现。

内部摩擦和竞争甚至可能破坏公司对环境变化所做出的正确反应。管理策略是任何潜在变革推动者的关键任务。

通常，从看似微小和渐进的变化中，能看到巨大的变化，这些变化能够突破现有模式的约束，打开一个拐点。

有时，在应对拐点带来的巨大变化时，企业是自己最大的敌人。

在发现和应对拐点的问题上，带着增长心态（而不是固定心态）是至关重要的。

授权个人采取行动，能够增加公司进行实验的数量，从而能够提高公司及时发现拐点早期预警的概率。

如果你想要进行实验，那么那些有可能实验失败的人需要知道他们将会得到什么样的支持。

在企业的激励机制中建立先行指标，能确保人们关注它们，并增加它们被执行的可能性。

第七章

创新能力如何削弱组织的抗体

企业家精神不是“与生俱来的”，不是“创造性的”，而是工作……任何企业都可以实现企业家精神和创新……它们是可以学会的，但是需要努力。创业家精神是一种责任，是一种努力……它们需要实践[1]。

——彼得·德鲁克

吉斯伯特·鲁尔看起来不像个革命者。从背景来看，他更像是工程学和会计学的结合体。然而，他的抱负却是革命性的，他完全颠覆了传统的全球钢铁贸易模式。

首先，让我们来揭开钢铁是如何从钢铁生产商到钢铁消费者再到普通消费者手中的过程的神秘面纱。2014 年，我曾受邀到金属学会做一个主旨演讲，当时，我对钢铁贸易的过程一无所知。（谁又知道这件事呢？）在那里，我得知有一个被称为“金属服务中心”的巨大网络。它们是大型钢铁供应商和消费者之间的中介。大型供应商考虑出售成吨的货物。而较小的买家不想要或不需要那么多货物，他们也不希望持有库存来制造他们实际使用的物品。

金属服务中心是如何运作的呢？他们从大型制造商那里批量购买钢材，通过调整使钢材的持有量更好地满足客户需求，然后再将钢材转售给他们的客户。他们也有库存，而且是大量的库存，以确保他们能够满足客户对准时交货的期望。总部在德国的克勒克纳公司是金属服务中心的较大的参与者之一。

在经济大萧条时期掌权

2009 年，吉斯伯特·鲁尔成为克勒克纳公司的管理委员会主席和首席执行官。那段时期对世界钢铁工业来说是糟糕的。在市场需求下降的情况下，钢铁产能并没有减少到足以防止价格暴跌的水平。中国的制造商向市场上投入了更多的产品，造成了巨大的产能过剩。经济合作与发展组织（OECD）发表了大量有关担心全球钢铁行业[2]“危机”的著作。

因此，鲁尔的第一份工作是令人不快的“重组”（企业喜欢这样称呼）。克勒克纳为降低成本做出的努力持续了数年，包括削减行政和销售管理费用，出售和整合办公场所，以及前所未有地裁员 2 000 多人。尽管如此，该公司仍在亏损。他们甚至停止发放正常股息。鲁尔忧心忡忡，他知道在短期内这种状况不会好转。2013 年，有报道援引他的话说：“虽然我们对盈利情况一点也不满意，但数据清楚地表明，由于重组措施的实施，我们正在依靠自己的力量克服持续的市场负面趋势[3]给盈利带来的压力。”

然而……

即使在传统机制下，核心业务被大规模削减并转向具有竞争力的业务，鲁尔仍在思考新的机制可能会带来什么。

2013 年 9 月 11 日，鲁尔出席了在中国大连举行的夏季达沃斯论坛的一次闭门会议，会议主题是“培育创新驱动的企业家精神：全球视野[4]”。

会议期间提出的重要观点之一就是，创新已经日益成为一种共同的努力，它要求组织跨越自身边界，寻找创意，并创造价值。如果说鲁尔出席那次大会意味着什么，那就是即使是传统的公司也开始重新考虑他们习以为常的竞争活动。

在钢铁行业之外，到 2013 年，数字平台已经成为主流[5]。爱比迎（成立于 2008 年）说服了成千上万的人（后来达数百万人）出租闲置的卧室和空房，以此利用过剩产能。优兔（成立于 2005 年）表明，你可以在用户提供的猫咪视频（以及其他内容）的基础上建立一个全球性的媒体，而不需要电视网络或内容创造网络。脸书（成立于 2004 年）允许用户在瞬间将信息和原创内容发送给数千人，甚至数百万人。当然，亚马逊云计算服务（启动于 2006 年）为那些具有想法而未解决市场问题的人，创建了一个平台来解决这些问题，该平台不需要固定资产或计算机硬件。

这些平台成功的关键在于，它们释放并利用了闲置产能，非常有效地实现了供需平衡。正如第三章和第四章中我们所提到的，它们打开了全新的资源池并创建了新的领域。

这些公司都颠覆性地重新定义了它们所进入的领域。它们都没有与该领域的任何既有公司正面竞争。相反，它们找到了一种方法来获得动力，并推动其成指数级增长，即用比现行系统更好的方式来解决客户遇到的问题。

这种情况困扰着鲁尔。当他重新审视克勒克纳所处的竞争环境时，他发现整个价值链上的客户在努力完成工作的过程中效率低下，而且相当沮丧。他在2015年的一次演讲中描述了自己的思维过程：

> 我们在钢铁行业价值链中的传统核心业务是现货交易。所以我们从大型钢铁生产商那里购买钢铁，比如从欧洲和北美，然后我们储存钢铁，并向不同的行业销售钢铁，如建筑行业、机器制造业、机械工程行业、汽车行业，销售给所有需要使用钢铁的行业。我们必须储备钢材，因为我们不知道客户第二天会买什么，尤其是在建筑等现货业务中。通常，建筑公司今天订购钢材，要求我们第二天必须交货。我们通过持有现货来保证可用性，这当然是低效的。但不仅是我们在储备钢材，生产商也在储备钢材，因为他们不知道分销渠道需要什么，因为我们没有向他们提供未来我们需要供应什么样的钢材的信息。供应链被多次中断，这种模式效率非常低。而且，最重要的是，我们的客户通常通过传真或电话订购钢材。我想说，在过去的10~20年里，我们唯一的创新就是通过电子邮件的方式收到越来越多的订单。

> 大约两年前我开始思考钢铁行业的价值链，我思考了世界的变化对我们的行业将产生什么影响。当世界正在向数字世界转变的时候，还需要像克勒克纳这样的公司吗？五年后该行业的价值链会是什么样子？这就是我们的起点[6]。

当时，鲁尔认为，如果钢铁行业没有开始数字化，那么就可能会有一个新的参与者进入这个行业，把既有参与者挤出去。就像其他平台的参与者扰乱了他们进入的行业[7]一样。

鲁尔提出了建立一个跨行业平台的想法，以减少在钢铁等集中度较低的行业中的摩擦。尽管克勒克纳已着手开发这个平台，但并不是要把该平台作为克勒克纳的专用平台，而是要把它变成一个中立的平台，供应商、消费者和第三方都能够在该平台上进行交易。简而言之，克勒克纳将率先把一个效率低下的线性过程转变为一个透明运作的综合生态系统。

把供应链数字化……否则别人会替我们做的

这是克勒克纳打破神秘的钢铁供应链，并对其进行数字化改革的开始。毫无疑问，经历过传统体制所带来的失败，该公司有信心探索更加光明的未来。但是从哪里开始呢？

非集中式的行业为先行者提供了抢占优势的机会

数字平台在钢铁行业的机会之所以存在，是因为该行业现有的结构一片混乱。虽然供应商是集中的（多年来，合并和收购以及对规模经济的需要导致了合并），但生产者、分销商却是高度分散的。终端消费者没有办法进行我们大多数人认为在正常交易中理所应当的事情。例如，比较价格、检查可用性和在线下订单。

克勒克纳算是钢铁行业中规模较大的企业。大多数其他企业只经营着相对较小的商店，提供简单的产品和服务。如果没有数字化的规模，这些企业很可能会加入第一个承诺为它们提供更多机会，且无须它们承担研发成本的平台。

现有机构对那些试图完成采购任务的客户不是很有帮助。这些机构不提供第三方或补充产品（如保险），基本不提供对比价格的服务。而且，它们还假设这些公司能够处理所有事情，而不是让更专业的人来做这些专业的工作（如物流管理）。此外，如果客户需要用塑料管来代替钢管，那么他们在试图从现有的金属服务中心[8]采购时就会遇到麻烦。

聚焦未来的起点

首先，克勒克纳在公司内部创建了一个创新组织，试图找出潜在的颠覆性。该组织位于公司总部附近，由一名教授主持，并艰难地运营着。正如人们预料的那样，有关新可能性的讨论被反对者否决了，因为他们无法突破钢铁行业中“我们不这样做”的传统观念。在经历了数月的挫折之后，克勒克纳的高管认为有必要采取一种全新的方式[9]。

因此，鲁尔决定使用一个单独的实体来启动该项目。他研究了创业公司是如何运作的，并得出结论：转型需要从真正的创业活力开始，要使用拥有不同技能和背景的人，而不是长期在杜伊斯堡总部工作的传统员工。他的目标是快速获得埃里克·里斯所谓的“最小可行产品”[10]，该产品能够首先证明其拥有帮助特定客户完成工作的能力。

鲁尔首先邀请了两个人在柏林组建一个小办公室，以便更接近那里的初创公司，并为随后的招聘铺平道路。为了将其活动与克勒克纳区分开来，鲁尔为这个组织取名为“克勒克纳.i”。

招聘新人

数字转型需要拥有不同于传统核心业务技能的人员。克勒克纳非常慎重地着手建立了一支由许多不同类型的新成员组成的团队。他们没有从钢铁行业内招聘，而是从亚马逊、易趣和其他位于柏林附近的在线初创公司进行挖掘。

将新团队的技术平台与母公司分离

有一个老笑话。“上帝在七天内创造了世界”，一些人说这是对信息技术部门的挑战。他们回答说：“嗯，是的，但是他没有遗留系统！”信息技术部门会本能地迫使创新者利用其现有技术和控制进行操作。这样做的问题是，它会让事情变得缓慢，并迫使新业务以旧业务的方式运作，即使它试图完成的是完全不同的事情。克勒克纳看到了这种分离的必要性，并允许新的数字化团队创建自己的技术平台。

数字化工作的第一阶段是，创建或多或少独立的工具，这些工具以客户为中心，能够处理现有系统无法触及的业务痛点。在第二阶段，克勒克纳计划让自己的客户接触数字工具，允许客户自行选择连接数字平台的方式。第三阶段，克勒克纳将向竞争对手开放这个平台，从而让客户在该平台上做生意时，尽可能获得与现实相一致的体验[11]。

构建核心业务的连接器

鲁尔意识到，克勒克纳公司有办法解决一个困扰着许多想要成为平台公司的企业的紧迫问题。简而言之，作为一个盈利的平台，你必须为潜在的买家和潜在的卖家牵线搭桥。这往往是一个类似于“先有鸡还是先有蛋”的问题，没有满足双方所需的充分利益是平台失败或夭折的主要原因。

例如，通用电气努力为制造企业打造了一个类似的数字平台，由于过于关注通用电气内部的业务部门，而忽略了外部各方的利益。因此，该平台产生了令人失望的结果[12]，面临重启。在克勒克纳公司的案例中，鲁尔意识到它在价值链中的位置意味着它可以在其平台上同时拥有买家和卖家。

这就解决了一个经常让成熟企业的领导者感到困惑的问题，那就是成立一个初创公司来做大事是很容易的，但是如果没有与母公司的紧密联系和转换机制，这将是徒劳的。正是这种与母公司能力的紧密联系，才能为公司带来振兴，而大多数公司对这一点往往没有深思熟虑过。

鲁尔对此深有体会。他在 2015 年表示：“我们的销售人员必须相信，这是我们的未来。”但同时，他也认识到这可能是一项困难的工作，因为新的工具和方法会破坏他们多年来谋生的方式。克勒克纳公司投资的用于帮助其销售的项目之一就是“数字体验”项目，在该项目中，来自传统公司不同分支机构的销售人员可以在该公司的数字部门“克勒克纳 .i”接受 3~4 个月的任务培训。

我认为，鲁尔最令人信服的一点是他对现有企业中人们可能面临的问题的尊重和敏感。举一个简单的例子,2018 年 11 月，他向我解释说，在转变的最初阶段，他谨慎地穿着他的传统服装——保守的西装、领带。虽然这看起来是一件小事，但他显然是在暗示，他并没有放弃核心业务，而一味地追求数字化系统闪亮的新目标。他坚信，只有将两者紧密结合，才能实现它们所带来的好处。

通过使用企业社交平台 Yammer，该公司实现了鲁尔所谓的“无等级交流”[13]。鲁尔可以与全公司任何人进行交流，包括那些他通常不会在公司里接触的人。任何人都有权提出问题，发表评论，参与讨论。对于一家传统公司来说，这是一个重大的转变。

公司的另一个创新是他们称为“搞砸之夜”[14]的活动，他们邀请那些失败的创业者来谈谈他们失败的原因。这个活动之后扩展到允许员工谈论他们所犯的错误和他们从错误中学到的东西。这个活动试图击退公司在创新的道路上对失败的恐惧，可以说是意义非凡的。

克勒克纳公司还对从事传统业务的员工进行了大量数字化培训的投资。公司鼓励员工在工作时间获得这样的机会。

在数字创新业务与传统核心业务之间建立桥梁还有一个好处，那就是该创新逐渐改变了企业文化的核心。正如鲁尔所说：“通过与许多员工的深入沟通，我们成功地将他们带入了数字时代。他们了解了公司的数字化战略，知道了如何为实现数字化战略做出贡献。与过去相比，他们也采用了从初创公司中学到的越来越灵活的工作方法，行事方式也不再那么挑剔。作为一个组织，我们变得更快、更敏捷[15]。”

据报道，截至2017年，克勒克纳公司的数字化改革已经进行了四年，公司17%的收入来自数字化渠道，这为该公司带来了盈利能力的恢复和增长[16]。该公司的目标是，到2022年，数字化渠道的收入占比接近60%。

拐点对我们如何经营企业的假设提出挑战

现在，我们来讨论一个核心问题，那就是为什么拐点会对在某个行业中曾经获得成功的既有公司的管理活动造成严重破坏。我将拐点定义为，从根本上改变既定组织所处领域限制条件的事物。回顾一下第三章，我将这些限制条件分成以下类型：

1. 它们可以改变正在竞争的资源池；
2. 它们可以通过改变试图获取资源的各方；
3. 它们可以改变竞争发生的情况；
4. 它们可以出于参与者的考虑，使一个任务代替另一个任务，或者减少完成该任务的可用资源；
5. 它们可以有效地改变消费体验；
6. 它们可能导致某些属性比其他属性更有价值，或更没有价值；
7. 它们可以改变相关价值链中所包含的各种能力；
8. 它们可以改变该领域中的每个元素。

随着时间的推移，某个领域中的所有元素都融入组织运作的结构中，既有公司学会了在该领域中对竞争进行优化。它的衡量标准、报告结构、奖励制度、交流模式、非正式网络、品牌、假设等，都是由其成员所理解的在该领域中运作的因果关系所决定的。

这些从根本上决定了组织成员要关注什么。它们决定了组织成员认为应该做什么。它们决定了组织成员如何期待回报，如何处理相互间的关系，以及谁领先。简言之，质疑你从拐点前的制度中继承了什么，简直就是异端。

当一个拐点改变了组织运行的外部关键限制条件时，那些为了使组织平稳运行而辛苦建立起来的内部关系也需要随之改变。这是一个极具挑战的组织现实。关键问题在于如何协调组织内部变化，从而更好地适应组织外部变化。实现这个目标的过程，我称为“母舰管理”。

该过程可能需要对核心业务进行重大调整（就像网飞公司不得不从销售 DVD 转向提供流媒体订阅服务那样）。它经常涉及转移资源来支持下一代核心业务，即使这样做会缩减之前重要的业务（就像苹果公司从计算设备转移到平板电脑和移动设备）。在许多情况下，这可能意味着将发现全新的增长因子（就像网飞公司等正在创造原创内容一样）。斯科特·安东尼、克拉克·吉尔伯特和马克·约翰逊在他们的《双重转型》一书中描述了在转移核心业务以及打造未来业务时所面临的挑战，并提供了大量有用的工具和见解[17]。

正如我们所看到的克勒克纳公司那样，如果一个公司即将失败或者已经失败了，可以刺激这个原本不愿意做出改变的企业进行改变，从而达到自我保护的目的。例如，沃尔玛在电子商务领域进行了十年的努力。尽管投入了数以亿计的资金，并进行了大量的行政规劝，但该公司当时非常痛恨这种销售渠道的改变。直到一位新任首席执行官意识到他们只有最后一次机会使公司走上正确的道路，他们最终才探索出了一个可行的电子商务模式。

建立新的核心业务需要做出一些非常有争议的决定。第一个决定是，2016 年，沃尔玛在电子商务平台“Jet.com”上投资 33 亿美元，当时，该初创公司的商业模式还未经验证。第二个决定是，沃尔玛让马克·洛尔担任这家初创公司的首席执行官，并让他负责沃尔玛所有的数字业务。第三个决定是，为该公司的运营提供必要的资源，以收购那些服务于不会进入沃尔玛的高端客户的公司。男装品牌 Bonobos 就是一个例子。如今，沃尔玛的电子商务计划正在加速推进，该公司在公开市场上的评估更多的是一个成长型企业，而不仅仅是一个运营实体。

构建创新能力可以帮助你的公司避免在拐点到来时面临破产的可能。

大环境中的克勒克纳：构建创新能力

克勒克纳公司所面临的问题，也是我多年来合作过的众多公司所面临的问题，那就是对创新驱动型增长的组织障碍。就在上周，我在一家大型跨国公司与一群高管开了一场研讨会，会上我请他们列出组织中阻碍创新的因素。他们提到以下因素：

- 缺乏激励
- 现有业务太强大
- 管理层希望在短期内取得成功
- 有太多独立的机制
- 缺乏以客户为中心的意识
- 惧怕失败
- 这不是我的工作
- 相对于母公司来说，创新很小
- 对我们来说，创新发展的速度不够快
- 我们关注的是我们的季度收益
- 我们害怕创新会蚕食目前的成功业务
- 我们不能容忍无法预测的结果
- 没有从事创新或成长项目的职业激励

我问他们："这些阻碍创新的因素有哪些共同之处？"在他们支支吾吾地说了几句后，我终于听出了其中的实情。他们说的每一项都是由内部造成的限制。这些都是为了保护和捍卫现有业务的有序运行，防止现有业务受到影响。更准确地说，这些是为了阻止创新所代表的那种颠覆。然而，如果我们共同地、有意识地下定决心解决这些问题，那么我们就一定可以消除这些阻碍。毕竟，上帝并没有从天而降对我们宣布："这里将有很多独立的机制！"

正如在克勒克纳公司的案例中所看到的那样，尽管现实是现有的商业模式正在明显地受到侵蚀，未来看起来也很严峻，但行业的老辈几乎没有做出改变的想法。尽管创新是唯一积极的前进道路，尽管经历拐点的信号是那么明显，组织内部的"反抗"还是蜂拥而来。这就是最初尝试与总部内部人员合作做出创新努力失败的原因之一。这种努力无异于与满怀阻止创新思想的人一起做出对抗创新的挑战。只有组织开始招聘和雇用具有新技能的人才，设立新的职务，才会出现新的可能性。

克勒克纳公司的案例研究说明了一个组织可以进行的最深刻的旅程之一，即提升我所说的创新能力等级。

创新能力等级是我和一些同事共同开发的一种衡量标准，它可以帮助组织确定在追求或应对紧急拐点时的创新（或变化）能力水平。正如前面所讨论的，仅仅看到一个拐点，就让组织行动起来是不够的。组织必须能够做出改变。回想一下，组织之所以如此难以应对拐点，是因为拐点改变了被组织视为理所当然的假设。过去能够很好发挥作用的衡量标准和做法变得不再有效了。随着拐点逐渐波及组织，之前的衡量标准和做法都需要改变，特别是要通过某种创新的过程进行改变。

我的这个衡量标准分为八个等级，与一个组织持续创新的能力（注意：不是断断续续的创新）相对应，这取决于关键的领导或高级管理人员所表现出的关注程度。

创新能力等级

等级一：对利用优势的极端偏见

在第一级组织中，现行方法理所应当地被认为是正确的（甚至是唯一的）做事方式。这种组织非常重视保持和利用现有的优势。这些公司通常拥有悠久的成功历史，所处的市场也非常稳定。很可能存在高水平的资产密集度和长期的竞争性循环，这使创新显得具有风险性且没有吸引力。处于高度管制的市场中的公司，许多非政府组织和政府机构，以及其他官僚机构经常出现这种情况，但这种情况不会长时间存在。

等级二：创新剧场

第二级组织代表了将一些创新思想引入保守组织的最早努力。组织中的人们通常有改进和革新的愿望，但是这种愿望宛如大海中的孤岛，几乎无法在整个组织中得到普遍支持。这类组织初始时可能会举办一些研讨会、训练营和硅谷之行，但没有持续地进行下去。这类组织表现出来的症结是虽然有很多相关谈话和活动，但很快就会恢复到公司的传统业务中。

等级三：本地化创新

处于该等级的组织会有更多、更持续的创新活动，通常会在组织的不同地方一阵一阵地进行。在整个组织内，很少有人承认创新是必需的。公司内部的一两个团队会发起本部门的创新活动。在这类组织中，创新工作通常依赖于一个关键赞助商，而且常常是断断续续的。这种创新活动十分脆弱，一位关键管理人员的变动，一次挫折，一次核心业务挑战，都会导致它们消失。

等级四：机会创新

随着第三级组织流程中一些创新努力开始显示初步成果，高层领导开始认识到构建创新能力的重要性。尽管此时创新仍不是企业议程的核心部分，但创新实践已经被用来追求以机会主义方式呈现的增长理念。然后，组织会更多地关注创新，给创新活动分配一些资源，有时这些资源是跨部门的。但组织中的大部分员工仍然把“日常工作”放在首位。

等级五：应急能力

处于第五级的组织能够得到高管持续的支持，包括时间和资金等专用资源。我们开始在组织中看到与创新相关的指标被使用的最初迹象，尽管这些指标可能没有被定期跟踪。组织中开始出现一些早期的治理，将创新的资金和流程从传统业务中剥离出来，作为独立的活动。

等级六：成熟能力

处于第六级的组织拥有强有力的多位高管的支持和资源分配。创新团队有一组可重复的、可扩展的最佳实践来指导他们的创新。创新活动成为评价高管薪酬和晋升的重要因素之一。高层管理人员开始监控创新的各项指标。对于工具和跨组织部门联系的利用逐渐增加，甚至萌发了利用外部资源进行创新的思想。

等级七：战略创新

在第七级的组织中，首席执行官和执行团队公开表示，创新正在被纳入公司的核心使命中。产品开发生命周期中的每一步都受益于创新实践。关于创新的努力得到充分支持，并与健全治理、绩效考核、资金投入和企业文化联系在一起。一大批关键员工认识到他们在支持创新过程中的作用，并感到对创新充满能量。

等级八：精通创新

在第八级组织中，所有层级的创新取得了一系列的成功，形成了高技能的创业骨干。这类组织被视为其他组织的榜样，并经常被引用为“最佳实践”实体。股东（对于上市公司来说）奖励制度化的创新实践所代表的增长潜力。

在应对拐点时逐级递增

根据我的经验，尽管每个组织处理其创新挑战的方式略有不同，但是为了逐渐提升创新的熟练程度，都需要具备一系列的因素。与其他形式的组织成熟度一样，一个组织的创新成熟度通常不会突然从等级一 一下跃升至等级六或者等级七。这个过程通常需要一定时间的累积。当然，可用的资源越多，紧迫感越强，组织转型的速度也就越快。

下列各项措施适用于任何阶段。然而，我试着把它们大致定位在我通常看到它们出现的地方。

训练人们使用创新方法是一个好主意，可以使他们对创新的想法感到舒服。至少，你可以成立一个读书俱乐部，让整个组织中的人向史蒂夫·布兰克、鲍勃·多夫[18]、亚历山大·奥斯特瓦德、伊夫·比纽赫[19]、伊恩·麦克米伦、泽纳斯·布洛克[20]、克莱顿·克里斯坦森、创见研究所[21]的人、辛迪·阿尔瓦雷斯[22]、柯蒂斯·卡尔森[23]以及我本人[24]学习。这也是建立一个简单的创新实践社区的好机会。我们或许可以组织“午餐和学习”活动，或者与公司不同层级的人不受部门限制地一起参加类似的活动。

一级挑战：激发创新的欲望

第一级的组织要么是真正缺乏创新的需要（这种情况相对

少见），要么只是拒绝承认那些将极大改变其现有业务环境的拐点（这种情况较为多见）。在第一阶段的组织中，创新领导者所面临的挑战是让人们认识到，对创新领域更加精通可能有真正的价值及重要性。

处于该等级的组织，其重点很可能是具有高度诊断性的，因为这里的关键是让主要决策者得出结论，即事情不能一成不变。你会发现，你的战略无法通过当前的努力来实现（我们称之为“增长差距分析”）。投资者对你的未来的热情也是如此。通过计算你的“想象力溢价”，你可以了解投资者认为你在发现拐点方面做得有多好。

“想象力溢价”是一个衡量标准，通过该标准，你可以计算出一家上市公司的价值中有多少来自运营（既有业务）的现金流，多少来自对未来增长（创新业务[25]）的期望。可以通过获得公司的贝塔（β）系数开始计算，贝塔系数可以用来衡量公司股票相对于市场的波动性。波动性越大，贝塔值越高。根据资本资产定价模型，波动性较大的股票风险较大，因此资本成本较高。然后，通过将该数字与组织的运营现金流进行比较，可以进行资本成本估算，从而有效地判定有多少市值来自运营。如果市值超过这个数字，我们将其称为增长价值。用增长的价值除以运营的价值，可以得到所谓的“想象力溢价”数值。想象力溢价越低，表明投资者越不相信你将会站在拐点的正确方向。

以布法罗鸡翅烧烤吧为例，2017 年，这家食品连锁店走向了衰弱。它的“想象力溢价”真的令人感到沮丧，只有66分。这意味着投资者不仅预测该企业不会增长，而且还预测它将会萎缩！但是，接下来发生的事情也经常发生在“想象力溢价”较低的企业中，即一个活跃的投资者突然出现，要求获得董事会席位，从而导致现任首席执行官下台，并最终将公司送入收购者的怀抱。因此，“想象力溢价”较低也能刺激人们采取行动[26]。

我们经常做的另一种分析是，根据不确定性水平排列的机会组合来对投资进行分析，我们将其称为“机会投资组合分析[27]”。与寻找拐点最相关的是多种选择的存在，而这些选择远没有核心业务那么确定，比如微软的“车间”应用程序（见第六章）。

我们还考虑公司竞争所在的领域，这就是所谓的环境分析。正如鲁尔对克勒克纳公司所做的那样，我们所提出的问题是，现有的领域在为利益相关者解决待完成的工作方面做得如何。如果答案是“不好”，而且进入该领域的另一家公司有可能获得利润，那就应该向对鲁尔所做的那样敲响警钟。“破坏，而不是被破坏”成了真言。

所有这些分析方法都是有用的，无论组织在创新程度的衡量标准中处于什么位置。但我们发现，这些分析方法有助于为那些之前不需要考虑进行创新的公司制造一种紧迫感，从而推动其创新进程。

二级挑战：开始行动与扫清障碍

从等级一上升为等级二，常常是由某种实际的或想象的危机所引起的。以克勒克纳公司为例，公司所面临的危机是持续多年的糟糕的商业环境和新数字平台的威胁迫在眉睫，这些危机正在将既有公司赶出其长久以来的安身之所，而它们却并未意识到威胁已经到来。2000 年，当看到行业所处的竞争形势以及一片“白色的海洋”时，时任惠而浦公司首席执行官大卫·惠特瓦姆感到绝望。面对一排又一排几乎无法区分的商品化的家用电器，消费者对这些毫无兴趣[28]。

当一家公司进入等级二时，从某种意义上来说，“创新剧场”确实有值得称道的地方，因为公司必须从某个地方开始进行创新。如果需要把高级人才派到硅谷，请顾问来管理训练营，举办创新想法日活动，或者做些其他事情让人们因为创新而兴奋，并且将创新加入组织的创新进程，那就这样做吧。

以克勒克纳公司为例，虽然与现有业务人员一起创造创新想法的最初尝试没有成功，但是这项失败促使该公司的决策者们找到了一条不同的道路，最终使该公司在德国初创企业中心的柏林建立了一个小规模的全新业务单元。

正如我们在第一章中所提到的，奥多比公司的 Kickbox 项目提供了一种聪明的方法，可以让更多的人参与到创新过程中来，而不需要走纷繁复杂的公司流程。

三级挑战：本地概念验证

等级三比较复杂。人们相信创新是十分重要的，而且认为他们已经明确知道创新是如何发挥作用的。人们雄心勃勃地宣称自己想要“拥有”一些空间。问题在于，在创新能力水平较低的情况下，这样的努力往往会以代价高昂的灾难告终。例如，露华浓的生命光辉系列化妆品；Quirky 电商的制造平台，该平台原本是构建其他产品的开源平台，但以失败告终；谷歌在广播领域的不幸遭遇。

当你看到这些失败的案例时，你会发现一些经典的模式：未经检验的假设被当作事实，很少有机会进行低成本的检验和学习，领导者亲自致力于项目的每一个细节，慷慨地进行前期投资，以及“该死的鱼雷，全速前进”的运营模式。为了避免同样的后果，试着对你所知道的以及你所不知道的如何创新保持谦逊。确保只需要有限的资源、一些人和一些项目，以便进行概念验证。

等级三也是许多组织所谓的“臭鼬工厂”阶段。“臭鼬工厂”指的是由公司高层暗中支持的小型秘密行动，其任务是在不引起大型组织注意的情况下，完成一些伟大的新工作。《通用航空新闻》2005 年的一篇文章称，这一概念源于洛克希德·马丁公司的一项名为“臭鼬工厂”的计划。该计划启动于第二次世界大战期间，旨在开发一种新型飞机。该项目在一个不为人知的“马戏团帐篷”里进行，毗邻一家散发着恶臭的塑料厂。其中一个团队成员借用李·艾布纳的流行连环漫画中“臭鼬工厂”的概念，并在某天很无礼地以“臭鼬工厂”的名义接听了电话。后来，这个想法被接受了，这就是关于“臭鼬工厂”的历史[29]。

不管是被称为“臭鼬工厂”还是其他什么名字，这种机构都能带来美好的事情。（谁能忘记特雷西·基德尔的《新机器的灵魂》[30]一书中创造的超棒的新电脑呢？）然而，通常来讲，创新项目如果没有公司的支持，就很有可能遭遇残酷的失败。要么是因为该项目规模太大引起了公司的政治斗争，要么是因为没有资源来实现其雄心而变得徒劳。正如史蒂夫·布兰克指出的那样，“臭鼬工厂”的存在表明组织还没有开始持续创新[31]。

四级挑战：机会主义的胜利

在等级三阶段中的项目开始之后，随着创新能力升级至等级四，组织能够充分明白一个创新想法，并将其进行传播和付诸实践。当然，创新的想法很重要。但是，最初的想法可能永远不会进入最终的市场。相反，创意需要一个孵化的过程之后才能进入最终市场。该过程需要将创意进行原型化、测试、展示给客户、重新测试、检验和发展，史蒂夫·布兰克将其称为“客户发现”过程[32]。

接下来就是加速孵化。我想使用一个比喻来说明。把你的主要业务想象成一辆在一条八车道的高速公路上高速行驶的车。你即将启动的新公司，将要以同样的速度加入而不被挤下去。

对于创新团队来说，这往往是一个难以想象的痛苦过程。

技术和组织方面的问题也都需要得到解决。在技术方面，“足够好”的代码现在需要转化成工业化规模生产。组织方面也存在类似的问题。在启动和上线一个新项目的过程中，在人的方面有可以采用各种各样的捷径。“不要担心正式的工作头衔、薪酬等级或评估，让我们做一些伟大的事情吧！”这种想法在创新的早期阶段很不错，但到了这个阶段，你需要有真正头衔的人来寻找职业道路。你的创新项目之前可能一直受到支持部门过多的干预性保护，但是现在你不得不与法律部门、人事部门、合规部门和财务部门好好相处。项目必须与公司的发展节奏相联系，比如预算周期。拥有等级四创新熟练程度的组织通常才刚刚开始发现这一点，但却仍然与其他部门相互独立地设计其加速过程。

五级挑战（紧急）和六级挑战（成熟）：系统、结构和流程

从之前的创新熟练等级发展到现在的等级，其中最大的变化之一是，整个组织专门留出预算，用于支持与创新相关的活动。它不再依赖于商业周期或高层领导的偏好，而是一个例行的项目，就像其他关键的组织过程一样。

随着组织创新熟练等级上升至等级五和等级六，越来越多的常规化和可复制的实践产生了持续不断的创新流。组织会建

立一个确定的创新系统，组织的大多数成员都可以谈论它；会建立一个治理机制，通过它可以做出关于应该支持、改变或停止哪些创新的决策；会建立一个专门的资源库，专门用于创新业务而不是支持既有的业务。创新实践是有衡量标准的，当衡量标准没有进展时，会对组织产生重要影响。

大多数员工都接受过有关创新主题的培训，公司也建立了他们易于理解的表达想法的机制。大多数人都清楚地知道，决定某项创新是否适合继续发展的标准。跨项目的资源重新分配变得更快捷、更顺畅。阻止部门领导积极进行创新的障碍被消除了，例如让他们对不可预测的结果负责。

在这个阶段，能够开始看到组织中人才的重新分配，最优秀的人才将他们的注意力和精力放在潜在的增长项目上，而不是解决既有业务的问题。组织结构的流动性也在增加，这种结构最有可能支持创新取得成功。在这个阶段，要注意确保创新团队在思维过程、技能和背景方面的多样化。

七级挑战：制度化

在创新能力达到第七级的组织中，创新以一种有意义的方式与组织的品牌相联系，组织高层领导将促使创新作为一个关键的议程项目。高管们应该支持创新议程，这将成为影响他们薪酬的一个关键因素。员工知道如何通过使用小的资源池来测试和验证想法，以及知道看到创新想法有发展前景时该如何采取行动。技术的发展被用来补充人与人之间的沟通和加速决策。

公司开始在内部和外部交流中讲述创新的故事。组织创造了一个技术平台来支持创新的努力（一个创新操作系统）。组织在添加新资源的同时，继续进行核心业务的转换。

在这个阶段，组织应该有一个创新的通道、可靠的管理和资金运作流程、员工培训和知识更新流程，以及努力做到让顾客对公司提供的服务感到满意!

八级挑战：持续更新

组织在获得高水平的创新能力后并不意味着将一直停留在那里。因此,处于等级八的组织面临的重大挑战是维持现有工作，防止组织创新能力等级下降。我花费了数百个小时的时间（其他同行花费了更多的时间），帮助组织建立奇妙的创新系统，但是却被后续的管理体系拆除了。几年之后，报纸文章评论该组织的堕落，标题是《某某公司到底发生了什么》。

这对于领导者来说是非常诱人的，尤其是如果他们没有从刚开始就加入创新的旅程，他们会优先考虑回到既有业务所带来的短期结果。目前的公共市场结构，能够给这些公司的领导者带来巨大的好处。股票回购被认为是破坏组织创新过程的重要机制之一，它已成为奖励高层管理人员和投资者的工具。股票回购会推高股价，因此基于股价上涨而给予高管的薪酬也会随之上涨。不幸的是，流入回购的资源无法用于对未来的投资

（无论是人力资本投资还是其他资产投资[33]）。具有等级八创新能力的组织所面临的挑战是，通过选择那些着眼于长期最佳利益的领导者来保持它的创新能力等级。

逐步建立创新能力

正如我们在克勒克纳公司看到的那样，尽管尝试从一个较低等级的创新能力升至较高等级的创新能力可能十分诱人，但是这种升级几乎总是让人失望。建立创新能力是一个组织进行努力学习的过程，而学习和掌握这种能力不是一蹴而就的。回想一下克勒克纳公司是如何走过这数年的创新历程的。

当鲁尔在 2009 年接手克勒克纳公司时，我认为，整个钢铁行业的创新能力基本上处于等级一的水平。这是一个缓慢、保守和传统的阶段。2008 年，经济大萧条的创伤，加上中国钢铁业努力进行的全球化，至少让鲁尔和他的董事会相信，目前的商业模式是不可行的。实际上，他们知道是时候该看看周围了。

围绕数字化技术的拐点吸引了鲁尔的注意，并引发他将公司带入了创新能力为等级二的阶段。刚开始时，公司的内部努力不尽如人意，但是后来出现了各自独立且自由的拥有不同技能和假设的小团体。随着公司的创新能力发展到等级三和等级四，我们开始看到创新的工作不仅发生在位于柏林的创新前沿，还发生在公司“母舰”上。在组织中有一种横向的、不分等级的交流，有与创新相关的培训。即使是那些没有参与创新核心的人所进行的工作，仍能从创新对公司实体的促进作用中受益。

随着数字化的努力继续推进，克勒克纳公司将有条不紊地进入更高的创新能力等级，而数字化将为公司的重大转型提供动力，并将公司带入拐点驱动的增长道路。

关键点

通过拐点通常意味着需要同时应对两大挑战：一个挑战是提升核心业务的竞争力，另一个挑战是创造与未来相关的新能力。

数字业务模型通常是需要团队协作的。我们有必要重新思考组织的边界在哪里。既有企业不能通过传统的壁垒进入。

当现有解决方案在为客户服务方面做得很差时，就会为新入者提供立足之地。

认识到现有业务和新业务都能够为设计相应激励措施做出贡献是十分重要的。

简单的技巧，如无层级的交流系统、广泛的培训和技能提升等，都可以帮助公司打破层级障碍。

提升创新能力通常涉及公司实践和程序的广泛变化。这是对长期存在的假设、激励机制和组织安排的挑战，需要在高层的大力支持下进行精心策划。

第八章

领导如何并且必须学会寻找拐点

只要一切顺利，人们可以容忍糟糕、可怕、无能的领导。但当不可避免的危机发生时，普通士兵的视角发生了变化，关注的焦点转向了能力，压力也随之飙升[1]。

——前准将　托马斯·科迪兹

我从来没有想过要去女子大学读本科。事实上，我却考入了巴纳德学院，它被称为“七姐妹”学院之一。学院用一大堆理由来劝说学生在此就读。例如，学院位于纽约，是哥伦比亚大学的附属院校。他们对教学和生活方面都有巨大承诺，在这个“修道院”里就读的四年将是十分值得的。

当然，我大错特错了。巴纳德学院改变了我。轮到我女儿上大学时，她也去了巴纳德学院，这让我感到无比自豪。现在，虽然我很乐意与读者详细讨论女性教育的利弊，以及与之相关的人文教育，但这并不是这一章的真正内容。

相反，它探索的是一种领导模式，采取这种领导模式的组织倾向于频繁出现且更不稳定的拐点。回到巴纳德学院的故事。目前，我在巴纳德学院的姊妹（或者兄弟）机构——哥伦比亚商学院，教授高级管理教育的有关课程。

进入女性领导课程

几年前，哥伦比亚商学院项目开发团队中一个规模不大但是激情澎湃的创业小组找到了我。他们似乎已经和巴纳德学院雅典娜领导力研究中心的一群人接触很长时间了。

雅典娜领导力研究中心的建立是得到时任校长黛博拉·斯帕大力支持的，她是从哈佛商学院调任巴纳德学院的。巴纳德学院的文科十分出名，她想在此基础之上将学院的重点放在领导力的相关教育上。雅典娜领导力研究中心的学员将利用女性领导力的知识来开发项目，特别是指导组织进行女性能力的提升。该中心有一套精良的诊断方法以及规模虽小但运行良好的一系列论坛，一些公司受到巴纳德学院的品牌及其面向女性的正统性的影响，正在使用这些方法和论坛。

开发团队认为这是一个很好的机会，可以让这个项目扩展到开放注册部门（这意味着这个项目可以让来自不同类型组织的人参加）。他们希望创建一种工作模式，在这个模式中，高管教育小组将负责物流、联合营销和促销，而巴纳德学院的人员将提供专业知识，他们有很酷的品牌，或许还有华丽的巴纳德设施。你不得不热爱这个地方,在这里,过去那些“无畏的领袖”的油画画的都是威风凛凛的女人！

但我离题了。这整个想法似乎只有一个小瑕疵，即要想成功地在哥伦比亚大学管理教育学院运行一个项目，你需要有一个教员同意成为这个项目的教员主任。这个人通常是项目的负责人，负责挑选教员、设计总体课程、为参与者创造连贯的体验。这个人通常也是该主题某些领域的专家。即使我们有相当多的教员，工作领域也涉及性别、女性进步等，但是没有人愿意承担创建、启动和运行一个全新项目的责任。结果，团队担心这个计划将会无法进行。

然后，团队中的一个人碰巧在看我的简历，发现我是巴纳德学院的毕业生，而且是相当忠诚的校友。当他们找到我时，我说："我并不关心妇女进步和性别问题，而且，现在已经是2016年了，我们为什么还需要这样一个项目呢？"

在良好的学术氛围中，这个团队将大量的学术研究报告交给了我。当我一遍又一遍地研究那些才华横溢的女性（以及那些在大多数情况下确实希望通过她们做得更好的组织）从高管行列中退出的种种方式时，我被说服了。说实话，我是有点生气的。

我说："好吧，我们开始吧！"合作课程被称为"女性领袖计划：扩大影响和引领变革"。

我们的发布会非常成功，全球出版商威科集团的首席执行官南希·麦肯思基和熊熊梦工厂的首席执行官莎朗·约翰都出席了发布会。商学院院长格伦·哈伯德和黛博拉·斯帕共同启动了这个项目，参与者也都是业界名人。当然，我之前质疑过为何要实施这样一个项目，而在"我也是"（Metoo，美国反性骚扰运动）运动爆发后，该质疑显得有些幼稚。

女性的领导方式

就我们的目的而言，我最期待这个项目中那个重要的“啊哈”时刻，至少对我来说是这样。我们邀请了萨利·海格森为我们授课，她和世界著名的高管培训专家马歇尔·古德史密斯合作刚刚出版了一本名为《身为职业女性》的书。对于海格森来说，这可能是一次漫不经心的授课，但却深深地打动了我。早在 1990 年，她就写了一本书，试图为女性领导人做亨利·明茨伯格在 20 世纪 70 年代为男性领导人所做的事情，即弄清楚她们在每天的工作中到底做了什么[2]。

海格森对全班学员说：“从那时起我意识到，在我的研究中所发现的女性领导者所表现出的品质，在应对快速变化、充满不确定性的环境中是必不可少的。这与我们现在认为所有类型的领导者所必备的品质是完全相同的。”这让我开始思考。这些女性是否真的站在了组织进行巨大变革的前沿？而且，由于她们可能无法适应旧的模式，她们或许要被迫提出一种新的模式。

当时，这种模式的总体轮廓令人惊讶，如今人们已大为改观。海格森研究中的女性“专注于做好各种任务，而不是仅仅完成”。她们创造了“包容之网”，而不是等级制度[3]。信息流广泛地分布在组织中，组织的最高领导人的作用是充当联系者和引导者，而不是命令的发布者。领导者保留决策权和权威，但她们给予那些最接近现实情况的人以极大的自主权。

这一切开始让我感到非常熟悉。

今天，杰出的企业领导人，无论男女，都能看到他们具有同样的模式。艾伦·穆拉利是使波音和福特扭亏为盈的传奇人物。美国联合特种作战司令部司令斯坦利·麦克里斯特尔将军谈到，要在团队成员之间建立所谓的“共享意识”和信任，让那些最了解问题的人做出决定，而不管他们的资历如何。安泰保险公司的马克·贝托里尼非常关心员工的生活，并为他们付出了巨大的经济和个人代价。一个突出的例子就是，虽然备受争议，他却毅然做出了提高安泰保险公司最低工资和改善医疗福利的决定。在本书研究的其他几十个例子中，一种新的领导模式似乎正在成为现实，而且这不仅仅是对女性而言。

这种领导风格与“寻找拐点”有何关系

在这本书中，我一直强调，发现即将到来的拐点并采取行动，不是一个身处高位的人所能做到的。正如杰夫·贝索斯所说，看到拐点的到来通常不是最大的挑战。真正的挑战是，看到拐点对我们习以为常的经营方式的影响，决定组织应该向哪个方向发展，然后带领组织前进，通过拐点，并在拐点的另一端变得更加强大。真正的挑战还在于要考虑拐点对组织产生的长期影响，即使转型会让组织在短期内有些痛苦。

换句话说，首先，你必须“看到”拐点对组织的潜在影响。

然后，你需要集体决定如何应对拐点，因为只有你自己看到了变化即将到来，并不意味着你很清楚应该做什么。然后，你必须调动整个组织行动起来。这通常是一个巨大的挑战，因为组织中的大多数人已经习惯了传统的做事方式，他们大都不愿意经历重大的拐点。大多数人会因为做了符合当前经营方式和商业模式的事情而得到丰厚的回报，要求他们把所有这些都抛在身后，踏上一段充满不确定性的旅程，是一项艰巨的任务。

如果“雪从边缘融化”，那么到达边缘并听到其信息的能力绝对是至关重要的。能够发现事情正在发生变化的微弱信号，不仅仅限于领导团队，这需要整个组织有更多的眼睛和耳朵。提供决策的关键信息通常存在于每个人的大脑中。因此，领导者需要能够得到这些信息，并使这些信息发挥价值，这些信息对于每个人来说要具有一定的准确性。

作为一位领导者，人们用反面的证据，来证明你的假设是错误的，挑战被认为是理所当然的做事方式。要真诚地与客户建立联系，了解他们的痛点，激励他们完成工作，激励他们进入新的领域，具有“同理心”。

即使在不确定的情况下，也要为人们提供快速学习的勇气和方法，只有在高级团队的支持下，才能产生大规模的影响。正如我们从萨蒂亚·纳德拉和微软转型的经验中所看到的，围绕一个共同目标来动员组织，是高级团队的核心任务。将核心业务和新业务结合在一起，需要尊重由此带来的两个东西：一个是对事物人性一面的敏感，另一个是打破常规的意愿。正如我们在第七章克勒克纳公司的案例中所看到的那样。

让我们从微观的角度来深入探讨一下，如何才能创建一个可以让大家共同“环顾四周”寻找拐点的组织？

让我们来看一个关于非凡领导力的案例：一家公司的首席执行官带领一家初创公司从勉强生存，到首次公开募股，再到进行了长达 17 年的大规模营利性收购。这位首席执行官就是盖尔·古德曼。

SaaS 漫长而缓慢的终结之路

美国一家在线营销公司“常联系”提供了一个完美的转折点案例。这家公司多年来不断努力进步，终于取得了成功。

1999 年，盖尔·古德曼加入了兰迪·帕克创办的漫游软件公司，这家只有 7 个人的公司位于马萨诸塞州布鲁克莱恩的一间阁楼里。事实上，她是这家初创公司的首席执行官。当时，该公司有一个关于帮助中小企业开发软件的想法，但还没有进入市场。正如古德曼在 2013 年所说：“我加入时，公司正处在产品前期、收入前期和融资前期[4]。”

该公司成立之初，就向小企业和非营利性组织提供电子邮件营销支持服务，并帮助它们建立目标受众群体。考虑到他们的目标客户群，他们希望其服务的包月价格在 30 美元左右。古德曼后来说："风险投资家们吐了一地。你无法在这个行业里进行数学计算。"1999 年，在经常性收益的商业模式出现之前，SaaS（软件即服务）被认为具有潜在的吸引力。她承认，"他们说的有点道理，但扩大规模需要很长时间，因此 SaaS 将面临漫长而缓慢的死亡"。

2000 年 10 月，漫游软件公司推出了云计算解决方案。客户数量缓慢增长，从最初的 100 名客户，到后来的 1 000 名。该公司当时的想法是，公司业务将从拐点开始扩张，即最终会有一个临界点，然后出现爆炸式增长。

不幸的是，他们承诺的爆发点变成了一个个"幻影"。古德曼后来回忆到，早期的阶段更像是一个飞轮，而不是一根曲棍球杆。找到一个东西，重复它，找到另一个东西，重复它，如此反复。这种情况持续了好几年。

发现一家公司可以取得成功的领域

最后，在 2004 年，该公司更名为"常联系"，并且的确到达了拐点。让这一切成为可能的是他们弄清了该领域的动态。正如她所说，这是"在渠道的顶端理解我们的渠道、了解我们的渠道对话以及我们的终生商业价值，这三者的结合"。当所有这些因素结合在一起时，公司在增长方面投入了大量资金。终于达到了一个理想的拐点，公司业务起飞了！古德曼在 2012 年的一次演讲中颇为自豪地讲道："所以，今年我们的收入将超过

2.5 亿美元……我们每做一次该业务可以获得 39 美元。”

显然，这样的结果不是偶然发生的。因此，我对古德曼 17 年来在公司的发展中学到的领导力经验很感兴趣。

领导力是不懈的配合和协作

之前，古德曼在其他公司的许多经历使她感到厌烦。后来，她来到了这家公司。正如她 2018 年 9 月告诉我的那样：“我经历了一件有趣的事情，那就是从第一次担任公司的首席执行官开始，我没有见过高管团队协作的榜样。之前，我从未在这样的管理团队中工作过，在这里所有人都在一起工作。我开始以不同的方式去做事。我看到过管理层内斗是多么浪费资源。通过在相同的平台，你可以更有效地使用资源[5]。”

首席执行官的关键作用：让高管们保持一致，共同努力

所有类型的领导者都具有一个共性，那就是领导者关注的地方就是组织倾向于关注的地方。古德曼说：“作为一个领导者，你把时间花在哪里是你能做出的最重要的投资决定之一。”

古德曼的领导方式和我们所想象的传统的自上而下的领导方式有一个重要的区别，那就是她如何定义只有首席执行官才能完成的独特任务，即作为一种必不可少的黏合剂，使各种不同类型的人才朝着一系列清晰易懂的优先事项始终如一地工作。正如她所说：

> 你召集起来的领导团队的质量，是决定企业能否取得成功的关键因素。但我想说的是，这不仅仅是个人的问题，也是由个人组成的团队的质量问题。在“常联系”公司，我们投入了大量的时间来组建一个好的团队，包括执行团队层面，下一层，再下一层。为什么？在进入该公司之前，我有过几次这样的经历：高管的立场并不一致，而且经常争吵。这对组织的影响太可怕了。这太混乱了，太浪费资源了……我们都知道这些情况，但如果你让它发生，它将以一种戏剧化的方式浪费资源……你还会发现，解决复杂性问题的方法是团队协调和优先级排序[6]。

在 2013 年的讲话中，她描述了这样一个过程：团队每年有两次为期两天的外部培训，在其他时候还有一天的外部培训。在那段时间里，她说：“我们团结一致。”第一个问题是战略。她说，战略非常直接，它定义了“我们为谁服务，我们要解决什么问题，我们特有的竞争优势是什么”。虽然这似乎是正确的，但她指出，当整体战略对所有团队成员不清晰时，就有可能出现问题。如果你在公司的战略方向上很马虎，制定了许多不需要的东西，那么很多人会对“为什么这样”而感到困惑。

公司面临的第二个问题是企业文化，包括公司的使命、愿景和价值观。在“常联系”公司，她可以复述其中的每一条，并确保团队中的其他人也能做到。

第三个问题是，在关键优先事项上达成一致。弄清楚对于业务来说什么是真正重要的，以及这些事情的优先级排序是怎样的，这是十分重要的问题。这在帕特里克·兰西奥尼的《优势》[7]一书中被称为“战斗口号”。古德曼解释说：“我们会吹响战斗口号，明确优先事项再开始工作。”她补充说：“把两三件事完全做好比把八件事都做得半途而废要好。”正如她所指出的，做选择是管理团队需要做的事情，但要达成一致的决定需要时间。

从命令和控制转变为通过反馈进行领导

我发现，与传统领导力的命令和控制模式截然不同的是，古德曼在领导力方面特别强调反馈对塑造自己行为的重要性。换句话说，她意识到只有通过反馈才能保持效率。正如她在2013年的一次演讲中所说的，你必须愿意“照镜子”。

她描述道，在她出任“常联系”公司首席执行官的早期，是如何通过中间人的帮助，从她的同事那里获得反馈的。最初，她对别人认为她这么做没有多大帮助而感到惊讶。

她讲了一个很有趣的故事。这个故事是关于我们如何倾向于把我们的缺点看作优点的（在我们自己的头脑中）。她说，她的一个缺点就是没有耐心。“但是，这深深地伤害了我的团队。关于这个方面的一个事例就是，我给团队内部发出的信号，它有点像这样（用手在空中画圈）。你知道这是什么意思吗？那就是‘我知道，我知道，快点儿吧’。也就是说，我将这一点合理化为这是对他们的肯定，我与他们在一起。”（许多观众发出了笑声。）

“很明显，这对于在场的人来说不是一件令人愉快的事情。首先，它造成了交流的障碍。其次，对于发言人来说，这也是非常不尊重的手势。但是，接下来更为糟糕的事情开始出现。我发现，人们不再把他们很有前途的新才能展示给我看，因为他们不想被否定。这些是我真正想要遇见和培养的人，他们是公司的未来，而我却没有面对他们。所以我必须改变。”

为了获得反馈，她采取了一些新做法，其中之一就是花时间与其他在“常联系”公司之外的指导小组的人在一起（因此这些人就超出了她的控制范围）。小组成员会定期向其他人提供反馈，比如问：“上个季度你把时间花在了哪里？本季度你希望把时间花在哪里？”

在“常联系”公司的管理团队中，她不遗余力地促进整个团队在个人绩效、团队绩效的提升，并在团队成员之间的关系方面给予认真的反馈。正如她所说：“作为首席执行官，作为领导者，我必须不断审视自己，并意识到我要鼓舞整个团队的士气。”她还说：“作为首席执行官，如果团队功能失调，这是你的问题。要么你没有创造一个帮助团队解决冲突的氛围，要么是你没有倾听团队成员的意见，要么是你的团队中有人没有倾听，要么是你没有告诉他们那是不对的。你的主要职责之一就是确保你的团队是一个整体。首席执行官工作手册不会告诉你这些，但事实的确如此，而且这需要时间。”

除了反馈循环，古德曼坚持认为，参与公司战略的制定需要进行大量的沟通。沟通，沟通，沟通——使命、愿景、价值观、优先事项、战斗口号，这些都是关键所在。沟通必须一直进行下去，沟通不是单向的，而是双向的。人们必须接触到相关信息和内容，并将其内化。正如她所说的：“人们不会坐视不管，要参与制定战略。”

她指出，反馈是一种礼物，但领导者更愿意给予而不是接受。你的职位越高，得到的未经过滤的反馈就越少，那么你越需要构建领导流程来防范这种情况发生。

不懈的外部关注和先行指标

和我们在这本书中介绍的其他伟大领导者一样，古德曼也让“常联系”公司的领导团队不懈地专注于先行指标和外部数据。因为其公司战略是吸引并留住大量的小企业，其业务的先行指标是管理销售渠道。正如她所说：“公司里的每个人都知道渠道管理。”这让人想起了微软的萨蒂亚·纳德拉，他曾敦促手下的领导者关注客户利用率的先行指标，比如“客户的爱”。

古德曼说，在关注先行指标的同时，她也被问到很多问题。例如，为什么公司在漫长而缓慢的爬坡阶段还能继续前进。她重申了“常联系”公司的领导者对客户抱有的基本热情。“我们的客户，肯定了我们存在的价值。我们团结一致的首要原因是我们对帮助小企业的热情。我们不断地看到，他们在使用我们的产品，他们获得了真正的收益，这激励着我们。我们每周都会讲述一个客户故事，现在仍然如此。因为我们所做的事情对小企业很重要。”

唤醒沉睡的战略变革力量

古德曼区分了两种不同的领导方式。一种是在不断变化的、以发现为导向的环境中所需要的领导方式，另一种是你可以直接执行的领导方式。2018 年她曾经告诉我：“如果你的模式保持不变，你的领导团队就不会启动其战略变革力量。他们只是在执行，像转动的曲柄，一次次地往复运动。但如果你所在的行业正在发生变化，你有两种选择，要么提前做出改变，要么对变化做出回应。你需要你的领导团队处于发现模式，因为你是首席执行官。你不能只让自己处于发现模式。这的确需要一种不同的领导风格。作为一名领导者，你需要让他们理解你为什么要这么做？你想弄明白什么？你的目标不是要证明什么是错的，而是要把它做对[8]。”

“成长型领导力”：在时代到来之前女性领导者是否发现了一种新的模式

早在 1984 年（在萨利·海格森做她的研究之前），杰伊·布瓦诺和大卫·布罗德温就已经开始对不同的领导方法[9]进行了分类。他们恰当地列出了许多不同的、传统的领导风格。然而，他们发现，在众多领导方式中，有一些行为是他们无法解释的，他们将其称为“成长型领导力”。

正如他们所描述的那样，在成长型领导力中，“首席执行官的角色已经从设计师变成了预设者和评判者。在这里，所有战略问题都围绕着首席执行官的个人能力，以此来将组织的目的扩展至鼓励创新，即设置决策前置，并从首席执行官所关注的众多项目或战略选择中做出明智的选择”。

据他们研究发现，成长型领导力与其他领导力最显著的不同之处在于，所谓的成长型领导力实际上愿意放弃战略控制权。正如他们所说：“具有成长型领导力的首席执行官必须愿意冒失去对战略举措控制的风险，从而利用他在总部无法把握的新商机。”

跟随人才

迈克尔·西科斯基是一位来自加拿大的连续创业者，他被美国有线电视新闻网财经频道评为“值得关注的首席执行官”，被《利润》杂志评为“加拿大互联网革命人物”，被阿尔伯塔省风险投资公司评为“阿尔伯塔省 50 位最具影响力人物”之一，并被评为 2013 年度科技与传播企业家。他的公司“机器人和铅笔”能够充分体现成长型领导力的概念。我也是该公司的创始成员之一，并且是他们的顾问，因此我了解了他们相当独特的管理模式。

机器人和铅笔公司领导层明确提出了所谓的“追随人才”战略。他们的战略定位是帮助客户“发现技术世界的下一个领域”，这样他们就能够成为“未来的证明”。在很大程度上，他们是一家将成功押注于帮助客户渡过拐点的公司。正如他们的网站所言，“我们的方法是创建一家注重人才的公司，从而聚集大量高技能人才，让他们把机器人和铅笔公司当成自己的家”。团队成员不仅要开发创新的解决方案帮助企业转型，而且要创造出以前无法想象的产品[10]。

“玩得开心”

机器人和铅笔公司的一个项目叫作“开心实验室”，该项目是成长型领导力理念的直接体现。正如该公司所说，在“开心实验室”项目中，“内部团队致力于自助式研究的假设，他们专注于研究新技术和前沿技术[11]”。这是一个基于群组的模式，在这个模式中，员工深入参与并识别他们可能从事的技术拐点的可能性。这是该公司试图为其客户保持领先地位所采取的一种方法。

该过程从所谓的“考虑报告”开始。机器人和铅笔公司的每一位员工都有机会为该报告提供素材，例如能够改变相关领域的前沿技术和趋势、公司人才所感兴趣的技术、我们认为对客户有利[12]的技术。接下来，“考虑报告”将提交给“开心实验室”委员会，该委员会由“开心实验室”的每个创新周期组成，其任务是提出“开心实验室”在接下来的一个周期中关注的三种潜在技术或领域。他们将这些技术或领域称为“结果菜单”。

每位员工都有一个月的时间提出具体的想法，这些想法可以基于“结果菜单”中的相关内容。然后，所有想法再次被缩小到三个具体的实验，从而便于使它们成为现实。最后入围者用简短而生动的语言描述他们的想法。这些提案要经过公司全体员工的投票。投票并不是所谓的选美比赛，而是有着相当微妙的投票程序。在公司工作的时间越长，他们投票所占的比重就越大。投票还考虑了员工是否完全相信这个想法，并且能够离开当前从事的工作，开启全新的项目。

一旦选择过程顺利完成，一个由 3 人组成的团队将进行为期 4 个月的试验，以检验他们的假设。在此之后，该团队将通过博客、成果展示会和季度学习报告等，广泛地分享他们的学习成果。

请注意，这个过程是如何直接触及公司的边缘，从而获得洞察力、参与感和灵感的？在整个过程中，有多少是自上而下进行的？我们可以看到，在整个过程中，高层领导的确设定了总体目标，但关键人物和投票过程才是真正决定实际项目内容的关键因素。

“开心实验室”的第一个创新项目是一款叫作“任务”的产品，它允许普通人在 Slack 中编写工作流程。Slack 是一个团队协作工具，现在越来越多的人使用它来提供吉斯伯特·鲁尔所谓的“无等级交流”（见第七章）。“任务”项目是如此引人注目，以至于 Slack 公司最终从机器人和铅笔公司手中收购了这款产品及其研发团队。

这是传统管理实践中另一个有趣的变化：公司对离开机器人和铅笔公司加入 Slack 公司的员工始终敞开大门。他们不用参加面试，不用提交申请流程，当他们觉得是时候回到“老东家”时，他们都可以选择回来。在他们离开公司的这段时间，该团队被认为处于“风投休假”状态。

回到我们最初对成长型领导力所做的阐述，我们可以将其定义为，是利用公司每位员工的力量引导公司跃过战略拐点的实践。

明确总体战略方向来引导公司跃过拐点

考虑到环境的变化和破坏，一些人得出结论，制定战略的整个计划在某种程度上是徒劳的。但我的研究表明，此时，核心战略比以往任何时候都更为重要，因为如果没有真正明确的战略和优先事项，成长型的方法将被分解为无方向性的活动。

让我们考虑一个潜在的拐点，这个拐点目前正引起人们极大的兴趣。2018 年 1 月，贝莱德集团的创始人兼首席执行官、管理着超过 6.3 万亿美元资产的拉里·芬克向多位首席执行官发送了一封备受热议的信。他在信中表示，企业必须对社会“做出积极的改变”，他打算让企业领导人负起责任。《纽约时报》的安德鲁·罗斯·索尔金将这封信称为“关于全球资本主义状态[13]的酝酿已久的争论中的一个转折点”。

芬克宣布，贝莱德公司的未来投资将考虑所投资公司对社会的长期影响。芬克是谴责上市公司经济短视主义的观察人士之一。特别是有一种观点被批评为对当前的资本主义特别不健康，那就是公司的经营只是为了给投资者带来财务回报。我在第七章中提到，股票回购将不利于使用这些资源进行创新。更大的问题在于，投资者是唯一重要的利益相关者的想法正受到越来越多的抨击。人们指责该想法不仅阻碍了对创新的投资，而且阻碍了对人类发展和社区建设[14]的投资。英国《金融时报》的专家马丁·沃尔夫[15]认为，这可能是导致“政治秩序模式终结”的潜在原因。用于践行“股东至上”观点的工具，如股份回购、与股票相关的高管薪酬以及从现有资产中提取尽可能多的盈利能力等，也被广泛批评。因为它扭曲了市场定价、奖励高管和投资者，且损害了他人的利益，比如对公司情况有利害关系的长期雇员[16]。

虽然贝莱德公司提出的具体政策还没有出台，但很明显，投资者对此正在关注。作为指导，该公司在其网站上发布了一份文件，列出了在与管理团队和董事会[17]开会时可能会提出的问题。值得注意的是，贝莱德公司并没有要求其他公司采取具体行动。相反，它正试图把这个问题提上议程。换句话说，从战略上讲，希望获得贝莱德公司支持的相关公司需要优先考虑人力资源管理等问题，并将其放在关注的中心位置。

注意策略的实际执行方式。没错，贝莱德公司曾宣称社会目标很重要，但它并没有对应该如何将其体现在公司战略中进行具体的规定。这取决于公司希望与哪些首席执行官进行战略对话。

有趣的是，鉴于上述有关女性领导方式以及多元化战略思维视角重要性的讨论，贝莱德公司的雄心之一是，看到其投资的公司制定严格的政策并付诸实践，以真正推动多元化战略思维的进程。

保持组织对新信息和差异信息的开放性

安迪·格鲁夫在他关于战略拐点的著作[18]中阐述了一个观点。他说，在业务模式变得清晰之前，你必须容忍一定程度的混乱失控。大量的输入、想法和论证是必不可少的。只有在你拥有足够的信息（微弱的信号变得足够强大）之后，你才能将组织带到正确的战略路径上。

绝对的坦率以及甘愿面对令人不快的信息，在这里是至关重要的。希望事情有所不同是企业经营灾难的根源。我的一位同事称之为“怀旧型商业策略”。正如福特公司的艾伦·穆拉利喜欢说的那样：“有经验的领导者会认识到，你无法管理一个秘密。”

拉姆·查兰、唐·萨尔和纳西姆·尼古拉斯·塔勒布等专家也给出了类似的理由，为何坦诚对于预测一场可能意义重大的变革是如此至关重要[19]。查兰和萨尔一致认为，领导者应该探索出现的反常现象，即发生在预期范围之外的事件。获取大量信息被认为是发现紧急模式的关键。塔勒布提出了一个有趣的观点来解决获取高质量信息的问题，即“不要从那些没有面临过风险的人[20]那里获取建议”。

优秀的首席执行官有一点是一致的，即他们坚持完全的坦率和残酷的事实，即便这些挑战了他们之前的假设。不，特别是当这些挑战了他们之前的假设时。英特尔的安迪·格鲁夫、IBM 的郭士纳和福特的艾伦·穆拉利都在他们的管理著作中强调了这一点的重要性。

成长型领导者会听取那些危言耸听的人的意见，这些人偶尔会被看作带来坏消息的预言家而被解雇。与其马上解雇他们，不如将他们视为“有帮助的预言家”，他们可以拓宽你的思路，可以使你接触到通常看不到的、难以捉摸的或者关键的信息。脸书向广告商和想要瞄准目标用户的人出售用户私人数据的做法引起了轩然大波，但是早在 2006 年，在这种做法还不为人知时，黛娜·博伊德等人就预料到了这种情况的发生并就此进行了广泛的讨论。

让决策的制定尽可能地接近“边缘”

人们普遍认为，斯坦利·麦克里斯特尔将军改变了美国情报部队的工作方式。在他的书《赋能》中，描述了在与基地组织的战斗中，即使是军队也不得不探索一种新的领导方式，这种领导方式不同于以往那种“命令与控制”的历史范式的领导方式。他写道：“最明智的决定是由那些最接近问题的人做出的，这与他们的资历无关[21]。”

麦克里斯特尔发现，高层领导要想习惯失去控制的局面，就要帮助他们的团队培养共同意识。正如他所说：“这意味着你要相信几乎所有人都能自己做出决定，因为你相信他们拥有和你一样的信息和目标[22]。”

值得注意的是，这与盖尔·古德曼的观点十分一致。古德曼认为，拥有一个团结一致的团队可以让决策的过程更快。

按照自己的流程和网络做出持续的改变

哈珀·柯林斯出版集团首席执行官布赖恩·默里回忆起2002年在法兰克福书展上闪现的灵感。他突然意识到，一旦数据和产品可以数字化，出版行业将被永远改变。正如他2017年所说：

> 突然，我意识到（出版行业）将会发生翻天覆地的变化。我不知道它将如何展开，但那是一种非常清晰的记忆……数字化仍然被误解。我不认为我们的经济、我们的国家和企业能够理解数字经济的影响。一旦可变成

本为零，一切都会改变。因此，在所有媒体中，书籍是现有的最小的文件，也是最容易传输的文件。即使在那个时候，你也可以看到图书出版商的业务将发生根本性的转变……当我们周围建立起这些生态系统的时候，我们将如何生存和发展？这里没有一个局外人，我们没有让每个人都在会议室里进行小组思考，这是多年来逐渐增加的，我们试图找出如何定位公司和保护公司核心业务的未知未来，它充满了重要的数字化组成部分[23]。

请注意这里的语言，“这是多年来逐渐增加的”。尽管激发战略活动的想法是在一瞬间产生的，但是相对应的组织转变却是逐渐增加、慢慢适应的活动。

建立可以快速行动的团队

艾伦·穆拉利的管理系统已经被详细地记录下来[24]了，所以我不会在这里花太多时间详细介绍。该系统的核心是穆拉利著名的每周例会，在例会上，他期望团队成员能够揭示并解决他们在业务中可能会遇到的问题。正如穆拉利所说，魔力不在于每周例会本身，而在于他所坚持的企业文化。

2015 年，在一次由著名高管培训专家马歇尔·古德史密斯主持的会议上，穆拉利分发了一份讲义，列出了他称为“协同工作”的框架的指导原则：

- 以人为本
- 每个人都包括在内
- 引人注目的愿景、全面的战略、不懈的实施
- 明确的绩效目标
- 单一计划
- 事实和数据
- 每个人都知道需要特别关注的计划、状况和领域
- 提出一个计划、“寻找出路”的态度
- 互相尊重、倾听、帮助和欣赏
- 情绪恢复能力 —— 相信过程
- 玩得开心……享受过程和彼此

值得注意的是，这些想法与本书中提到的其他领导原则十分相似。盖尔·古德曼坚信，重要的是高管们如何“组成团队”，而不是他们是谁。萨蒂亚·纳德拉认为，微软的内部竞争规范需要彻底改革。

简化并创造战斗口号

如前所述，莎朗·约翰在公司的关键时刻出任熊熊梦工厂的首席执行官。对于那些不熟悉熊熊梦工厂的人来说，这是一个非常棒的创业公司。该公司由玛克辛·克拉克于 1997 年创立，是最早创建体验式零售概念的公司之一。后来，克拉克到

玮伦鞋业公司出任总裁，就像许多经历过个人转折点的领导人一样，她觉得熊熊梦工厂的“火花”已经不在了。于是她离开了公司，开始寻找新的想法。她的灵感来自一次购物之旅，正如她在2012年的一次采访中所描述的：

> 有一天，我和凯蒂·伯克哈特一起购物，她是我一个好朋友的女儿，她的哥哥杰克在收集豆豆娃。当我们找不到新的豆豆娃时，凯蒂随手拿起一个豆豆娃，跟我说我们可以做一个。她的意思是我们可以回家做一只小熊，但我听到了不同的声音。她的话让我产生了创建一家公司的想法，这家公司让人们可以制作自己的毛绒动物玩具。我做了一些调查，然后开始制订计划[25]。

在传统玩具店纷纷关门、玩具销售集中在沃尔玛、塔吉特百货以及玩具反斗城的时代，熊熊梦工厂取得了令人难以置信的成功。但经济衰退对它造成了严重的影响，是公司所处的一个拐点。2013年，克拉克宣布，她计划卸任熊熊梦工厂的首席执行官，但仍留在该公司的董事会以保持连续性。莎朗·约翰被聘为该公司首席执行官。

正如2016年莎朗·约翰在我们的女性领导力课程中所描述的那样，她用缩写SPARK来看待首席执行官的转型之旅：

S——看见、展望

P——计划

A——行动

R——重复

K——保持信念

在本书中，我已经展示了如何“环顾四周”以及展望拐点从何开始。对约翰来说，S——“看见、展望”，必须变成“真实和鼓舞人心的景象”……你必须能够讲述行业故事，以及它为什么存在。她总结说，熊熊梦工厂的业务是出售记忆，但也可能“更多”。“更多”是指在旅游景点寻求更多业务份额的关键，利用电影《冰雪奇缘》等受欢迎的儿童景点，将品牌扩展到商店之外，并采取更多措施吸引男孩（甚至成年人）。

在P——“计划”方面，她以2017年即将到来的品牌20周年纪念为契机，引起公司员工的关注。正如她谈到她的团队时所说：“他们相信他们改变了孩子们的生活。在20周年之际，我们将为未来20年做好准备。在我们的第20年，我们的目标是让这一年成为我们有史以来最好的一年。虽然我们还不知道将会发生什么，但我们一定会让它发生[26]。”

约翰缩写中的A——“行动”的部分是困难的。正如我在本书中反复提到的，仅仅看到问题或拐点是不够的，推动它们的关键因素是让组织对它们做点什么，而大多数时候人们并不希望这样做。约翰创造了一个缩写词语SDSS,即“停止做傻事”。换句话说，如果某件事没有价值，就不要再做了，这样你就可以腾出时间去做更重要的事情。

她刚到公司就任的时候，宣布了一个目标，即让公司集中精力。她在2016年女性领导力课程中讲道：“当时，公司每年亏损3.8亿美元。于是，我对员工说：‘我们今年要努力赚一美元。’这种效果很神奇。每个人都对自己说：‘好吧，我不会是那个花光最后一美元的人。’我们做到了。我们重新站了起来，我们做到了收支平衡，我们能够为辛勤工作的员工发奖金。”

然而，在取得第一次成功之后，组织可能就失去了动力。因为易于完成和易于理解的各项工作都完成了，这意味着公司今后的发展道路将更加困难。在一次全体会议上，她让一名财务人员从头到脚穿上冈比的服装，以此象征着公司需要灵活、有适应能力，并能够适应环境。

当然，这些共同的主题是不断“重复”（缩写词中的R）的。正如约翰所说的那样，并不是人们抗拒你试图做的事情，而是人们很难采取新的行为，来挑战长期以来想当然的假设。

最后，约翰总是K——“保持信念”，她认为，做出改变不仅是有可能的，而且是值得的。

战时的首席执行官与和平时期的首席执行官

一个人，与其称为领导力专家，不如说他是战略和创新专家。我发现，经典管理文献中领导力的模型大多数令人相当沮丧。当然，没有一种最佳的领导方式，没有一种个性在任何情况下都能发挥最佳效果，也没有一种领导风格最有意义。我们关于领导力的所有想法都受到“光环效应”的影响。通过观察过去的成功来总结什么是有效的，而不去记住遵循错误的做法也可能取得成功，或者所做每件事都是正确的，但还是会失败[27]。目前的证据表明，多年来备受尊崇的领导人卡洛斯·戈恩意外下台，在2018年，他因涉嫌金融不当行为而被起诉。

然而，回想起本·霍洛维茨对“战时”的领导人与“和平时期”的领导人的区分，这是多么幸运的一件事。霍洛维茨指出，当一个人肩负起在拐点上引导公司发展的工作时，他在“和平时期”所拥有的时间和空间与在“战时”所拥有的时间和空间是完全不同的。正如他所观察到的，“在战时，一家公司正在抵御迫在眉睫的生存威胁。这种威胁可能来自多方面，包括竞争、剧烈的宏观经济变化、市场变化、供应链变化等。”伟大的战时首席执行官安迪·格鲁夫在他的《只有偏执狂才能生存》一书中，精彩地描述了将一家公司从和平时期[28]带到战时的各种力量。

两难之处在于，当一个组织陷入危机时，人们偏向于转向命令与控制型的领导者来控制局面，引导企业走出困局。然而，基于什么样的领导活动能让一个组织跃过拐点的研究表明，上述这种想法是危险的。

因此，我在想，或许向一位真正的战时领导人请教会有所帮助。于是我找到了我的同事兼朋友托马斯·科迪兹。科迪兹是一位退役的准将，他在西点军校开设了大量的领导力课程，并在2007年写了一本书《危机下，领导怎么办》，其内容与大多数关于危机中的领导力[29]的案例研究不同。就像他说的，大多数时候作为一个领导专家，“你在研究那些在普通公司里工作的人，他们从来都不想真正地陷入危机，但却发现自己深陷危机之中，于是他们要么解决了危机，要么没有。”问题在于，你基本上是研究应对危机的外行，而我想做的是研究应对危机的专业人士。也就是那些总是身处危机中的人，研究他们的技术、他们的领导方法，研究他们与其他人有何不同[30]。

科迪兹对处于危机中的领导者的研究发现，他们身上有与本章所述相似的模式。他发现，在处境极其危险的情况下，对于领导者首要的要求是，他们必须能够让其他人保持冷静。他们需要的是一个能够为未来建立愿景的人，即使该愿景没有任何细节。这里非常重要的一点是建立信任和使命感。信任不能在当下建立，它需要随着时间的推移进行许多互动，以建立相互依存的感觉。正如他所说的，他的工作就是“从字面上否认失败的可能性”[31]。他指出，与我们对命令和控制型领导者的许多误解不同，在危险的情况下，领导者不需要制造更多的情绪，相反，他们需要能够缓和人们的情绪，以创造专注力。

其次是让人们专注于任务和环境，而不是专注于自己。正如书中所指出的，处于拐点的领导人经常把所处环境的焦点作为一个凝聚点。他们的想法很简单，即“想想某事，暂时只关注这件事，我会让你知道什么时候可以做出改变”，这是一种很典型的表达方式。

成功的战时领导所具备的另一个要素是，要具有一种共担风险的意识。不要让自己显得与众不同，即使事情变糟也不要变得脆弱，准备着为自己减轻一些压力，这些都是至关重要的。回想一下萨蒂亚·纳德拉在微软进军人工智能应用程序 Tay 时所遭遇的令人难堪的失败后，他是如何与其团队进行沟通的：“我相信你们，我支持你们。”但是，这并不意味着他能够容忍草率行事，而是意味着，如果事情因为不可预测的因素而失败，那么他希望他们能够重拾信心，再试一次。

然后是共同的生活方式。人们更有可能被那些与他们能在个人层面上建立联系的人所领导，也就是那些能够分享共同经历的人，那些不鹤立鸡群、不搞特殊化的人，那些能对类似事情进行沟通的人。

当然，我们不能忽视能力。在危机的情况下，人们必须判断领导者是否足够好，能够带领他们度过这次危机。

正如科迪兹在发给我的一封电子邮件中所指出的那样：“问题是，除非你把钱存入银行，否则几乎不可能突然成为一个成功的战时领导。要想事后弥补显然来不及，所以唯一的解决办法，就是要一直像战时领导那样，这是一个人格问题，是关于‘他是谁’的问题。”他解释说，简单的领导方式能够产生意想不到的效果。他写道：“我在西点军校的时候，经常去医院看望那些刚刚生完孩子的妇女。不是因为她们有危险，只是想问问她们是否受到了周到的照顾，等等。但是，她们中的很多人后来说，这样简单的看望使她们意识到，如果今后出现什么危机，她们相信我肯定会出现在她们身边。这是一种信任，这就像我存在银行的钱，我需要在危机发生之前进行这样的投资。”在谈到向战争过渡时，科迪兹强调，那些在和平时期表现良好的人必须离开。正如他所说：“应对危机的第一步就是解雇那些没有能力向战时需求转变的人。”[32]

这让我得出一个结论，那就是最好的领导人总是能够为“战争”做好准备。如果人们不能建立充分的信任、分担风险和愿意在和平时期追随你的领导，可能会导致他们对于战时的准备极度不足。随着拐点来得更快、影响更大，陷入纯粹的和平时期的模式是危险的。

关键点

成功带领一个组织跃过拐点的领导者，能够不断地为组织提供活力、联系、人才，与此同时，还能够为组织提供明确的前进方向。

看到即将出现的拐点只是成功驾驭它的第一步。接下来，你需要决定你的方向，然后动员整个组织一起前进。

花时间让关键高管保持思想和行动的一致，因为缺乏一致性会分散你的努力。个人的才能固然重要，但团队合作更加重要。

战略明确、目的清晰、有关键的优先级，这些是必需的，没有选择的余地。

没有坦诚的反馈，很容易偏离轨道。你必须把时间花在完全坦诚和残酷的事实上，不要在其他事情上浪费时间。

领导者的角色要从设计者和指挥者转变成预设者和评价者。

尽可能将决策过程置于“边缘”。

化繁为简，创造一个能与每个人产生共鸣的战斗口号。

作为领导者，你可能需要不断做好准备，随时进入战斗状态。

第九章

环顾生命中的每个角落

很少有人将拐点视为机遇，视为改变他们生活的催化剂，视为改变他们所处轨迹而转向更理想方向[1]的时刻。

——霍华德·史蒂文森，哈佛商学院

本书大部分内容探讨了组织如何更好地观察周围的情况，以预测拐点到来时可能发生的情况。但事实是，许多帮助组织应对拐点的原则也适用于个人层面。

具体来说，主要有以下三个适用于个人的重要主题。第一个是，如何准备好“看到”一个即将到来的拐点，以及这个拐点对你来说可能意味着什么？第二个是，你准备如何驾驭这个拐点？第三个是，认真在心中思考，你想要去哪里？

正如我们在本书中所看到的，当你及早意识到即将到来的转变所发出的微弱信号，你就能获得一个重要的领先优势，做好充分的准备对其加以利用。让我们从个人的角度简要地考虑一下主要的经验教训。

寻找雪花

安迪·格鲁夫的智慧在于，要深入自身经历的边缘，看看接下来会发生什么。这种智慧不仅对于组织有效，对于个人来说同样奏效。通常，那些改变我们生活的经历和见解，来自我们意想不到的地方。因此，在预测可能触及你个人的拐点时，你需要认真考虑一下，你是否经常探索舒适和常规生活的边缘，看看那里将会发生什么。

去哪里寻找

在组织层面，我们研究了一个领域所处的大环境。我们正在利用领域中的资源帮助客户完成他们的工作，同时外部的竞争者也对这个领域虎视眈眈。接着，我们以组织的形式进一步检查能够导致拐点产生的条件。

我们将有可能导致拐点的变化描述如下：

1. 它们可以改变正在竞争的资源池；
2. 它们可以改变试图获取资源的各方；
3. 它们可以改变竞争发生的情况；
4. 它们可以出于参与者的考虑，用一项任务代替另一项任务，或者减少完成该任务的可用资源；
5. 它们可以有效地改变消费体验；
6. 它们可能导致某些属性比其他属性更有价值或更没有价值；
7. 它们可以改变嵌在价值链中的相关功能；

8. 它们可以改变所在领域中的每个元素。

每一种转变都有其必然的含义，值得在个人层面上加以考虑。如果拐点的到来使某些活动或能力或多或少地变得有价值，对你来说意味着什么呢？如果你没有注意到周围环境的变化所带来的后果，你会陷入无比的悲伤。

试着这样思考：就像你试图从专业层面了解你的公司或组织将要发生什么一样，你最好能够在你个人的发展和职业生涯中也有同样的触觉。好消息是，你对所在公司发展“环顾四周”的方式和你对自己事业发展“环顾四周”的方式，确实有相似之处。关键是要对新想法持开放态度，不要太安逸，不要太墨守成规。

超越你的朋友圈

正如组织在做出重要决策的过程中，可以从员工多元化的观点中获益一样，你也应该在你的朋友圈中争取多样性。我们已经看到，如果一个人的周围都是和自己一样的人，那么他们会被看不到的东西蒙蔽双眼，但是，这对于那些持续善于观察的人来说是显而易见的。

正如我们在第五章中所提到企业家——纳特·特纳和扎克·温伯格，他们非常聪明，会超越自己的圈子去寻找机会，验证假设。基于同样的思路，举一个例子，这是我最喜欢的故事之一。佩尔·洛夫格伦是一位连续创业者，我在沃顿学习时曾与他共事。他利用自己的关系网寻找新机会的能力登峰造极。他所拥有的公司中，有一家叫作美加仑，该公司专门从事计算机辅助设计（CAD）和计算机辅助制造（CAM）。他开了几十家公司，最后都卖给了那些不知道如何自己创建新业务的大公司。他在环境中寻找拐点的方式，为他如何找到职业生涯中的下一个拐点提供了很好的经验。

洛夫格伦将与一群顾问在城市中最好的餐厅共进晚餐作为自己日常工作的一部分，这些顾问与那些面临技术挑战的公司合作，而这些公司正是他所在公司的潜在客户。就餐时，他请顾问向他描述客户面临的新问题，而公司提供的解决方案可能正好能够解决这些问题。

举个例子。在这些问题中，有一个是北欧国家的铸造厂越来越难以招到工人。在他们中，有一位是洛夫格伦顾问的客户，他想知道，洛夫格伦是否能够找到相应的解决方案，例如也许可以用机器人接管一些招不到人的工作。有了这个想法之后，洛夫格伦又去了另一个圈子，这个圈子中是与他共事多年的工程学教授，他想让这些教授评估一下这样的解决方案是否可行。

其中一个教授说："可以，我们可以用 5 万美元制造一个机器人原型。"现在，我们大多数人，尤其是如果我们像洛夫格伦一样富有，只需要把手伸进裤兜，授权制造机器人原型就可以了。但事实不是这样的。洛夫格伦回到他的顾问群。他这次的目的是看看这个问题是不是一个大范围出现的问题。他的顾问进行了更多的询问，发现这的确是一个大范围存在的问题。于是洛夫格伦征求铸造厂的意见，铸造厂的领导说他们在筹集资金制造机器人原型方面有困难。我承认这种方法让我有点不知所措，我在会议上对他提出疑问："如果你筹不到资金，你要怎么做？"洛夫格伦看着我，转了转眼珠说："那我就会知道，这对他们来说不算是一个需要解决的大问题，那么我就会转而寻找下一个商机。"最终，专门为铸造厂和其他具有技术挑战性的环境制造"健壮机器人"的业务开始腾飞。

《小赌注》一书的作者彼得·西姆斯，把多元化的视角汇聚在一起，将"预见"未来的想法提升到了一个非凡的水平，他创立了一个名为"百乐门"的组织。正如他所描述的那样："百乐门成了第一个让不同群体获得和利用横向权力的平台。模仿开源软件运动的影响，百乐门能够参与到最高质量的生态系统中，这将日益推动更快的学习、创新、合作和合资企业[2]。"参加百乐门活动的人非常多样化，包括作家、编剧、科学家、企业领导人和许多其他类型的人。他们定期聚会，分享见解，不仅能够"看到"未来，而且还能够塑造未来。很荣幸，我受邀参加了一些他们的活动，这是非常值得的。

负面的反馈或出乎意料的反馈可能是一份礼物

正如盖尔·古德曼在描述她的领导生涯时所说的那样，获得反馈在展望未来时非常有价值。尤其是当这些反馈让你感到不舒服，或者告诉你一些你不知道的事情时。然而，我们中的大多数人都不会使用结构化的过程，来获得能够帮助我们进行改进的反馈，或者来识别那些会阻碍我们的事务。在这里，你想要进行的“环顾四周”是那些别人能看到但你看不到的个人习惯、做法、行为或假设。

马歇尔·古德史密斯是世界著名的领导力培训专家，他与首席执行官和即将成为首席执行官的人一起工作，使用一种称为“以利益相关者为中心的指导方法”[3]，来获取丰富反馈的技巧，从而更好地满足你的需求。这种方法为获取有用的反馈提供了一种建设性的方式。使用该方法需要一个人来帮助你，最好是一个对你的进步不感兴趣的人。让我们称这个人为你的教练，即使他们不是一个正式的、训练有素的教练。

本质上，你要做的就是把你自己的利益相关者列成一张清单（比如说，12个人左右），这张清单上的人对你的成功和效率很重要。他们可以是与你的工作相关的人，也可以是与你个人有关的人，这些并不重要。然后，你的教练会采访这群人，询问他们哪些东西可能会拖你的后腿，或哪些东西可能成为你成功的障碍。例如，正如古德曼对自己的领导能力所了解到的那样，打断别人的发言会阻碍信息的自由流动，更糟糕的是，还会妨碍她听取自己的那些极具潜力的员工的意见。

然后你的教练会为你综合这些信息。正如古德史密斯的客户会告诉他的那样，最初，真诚的对话可能会很艰难，因为它经常挑战你的认知，而且谈话不一定是以一种令人愉快的方式进行的。然后，你们一起决定采取什么行动来处理反馈的影响，以及有哪些证据表明你们进行的处理是成功的。

马歇尔·古德史密斯的一位知名客户是波音公司的前高管、后来成为福特公司首席执行官的艾伦·穆拉利。艾伦·穆拉利是波音公司的一名冉冉升起的高管，他在波音公司工作时，公司的其中一位股东给他的反馈是，他没有充分参与整个组织正在发生的事情。也就是说，穆拉利了解他自己的领域，但对公司的大格局没有完全把握。为了解决这个问题，他与波音公司其他部门的同事建立了定期沟通机制。几个月后，当古德史密斯再次与这位股东谈话时，他发现之前提出的这个问题已经消失了。古德史密斯还让穆拉利一起分享经验和见解，不断扩大其圈子。

有几点需要注意。你的工作就是虚心听取反馈，即使它并不令人愉快。你的工作不是争论，不是解释，不是证明，也不是破坏信息。古德史密斯甚至对那些有上述行为的人处以罚款，并将罚款所得捐给慈善机构。记住，这些是你的利益相关者，你选择他们是因为你重视他们可能告诉你的东西！

许多人还投资于其他类型的评估，以了解如何更好地为未来做准备。其中一个比较流行的方法是“360 度评估”，之所以这么叫，是因为要从你的直接上级、你的同事以及受你监管的人那里获得信息，也就是 360 度全方位的视角。如果可能，我建议，无论你得到什么样的反馈，都要和你的教练进行讨论。有些人甚至建立了自己的“董事会”，他们会在考虑下一步行动时，向其“董事会”寻求建议和灵感。

走出办公大楼，与正在发生的未来对话

正如史蒂夫·布兰克所说的，“待在办公楼里是找不到答案的”。他认为对创业者来说，那些他们通常会花时间去考验的地方不会有太多关于未来的展望。就像吉斯伯特·鲁尔试图在企业总部获得数字化转型的灵感一样，这种做法都会以失败告终。如果不引入一些新的、具有挑战性的思维，你很难看到下一个拐点。你的正常环境也不太可能将你暴露在“尚未均匀分布的未来”已经发生的地方。

你需要有一个全新的视角。幸运的是，有许多方法可以做到这一点。你可能会参加一个与你的日常工作没有直接关系的行业会议。例如，弗兰克·罗斯的“讲述数字故事实验室”中的“一打数字”等活动，它们可能会令你大开眼界（见第一章）。当地大学经常举办对公众开放的研讨会和讲座。即使是出于兴趣加入一个俱乐部，你也可以接触到一些通常不会遇到的人。当然，参加一些你个人感兴趣的课程，也可以为你提供新想法的种子。

建立你自己的场景和先行指标

我在第二章描述过创建未来场景和时间起点的过程，这对

个人来讲也是十分有用的。当你对下一步要采取的行动做出关键决定时，有必要问问自己未来的情况将会如何。即使是问自己生活中最不确定的事情是什么，也是一种有价值的探索。你可以从中知道，即使你的未来看起来没有什么特别的问题，你也可以考虑一个能带来更多机会的改变。

这是朱莉·斯威特从一家顶级律师事务所的合伙人到成为埃森哲北美地区首席执行官的一段重要旅程。她曾在科瓦斯·斯怀恩·摩尔国际律师事务所工作，是那里的顶尖人物之一，取得了相当大的成功。然而，她开始觉得，如果继续担任目前的角色，她的潜力就无法发挥出来。正如她所说："如果你能看到自己的未来，那么你就没有对自己提出足够的挑战。我有一块小匾，是我丈夫挂在家里墙上的。它上面写着：'如果你的梦想吓不倒你，那它就不够大[4]。'"现在，她把"好奇心"列为她在招聘人员时最看重的特质之一。

准备启航

正如一个组织只有在建立起应对拐点的能力时才能取得成功一样，你也可以在你自己的生活中学会"环顾四周"而取得成功。正如托马斯·科迪兹所说的那样，在你迫切需要一些资源之前，你要先把它们存在银行里。

成功事业的曲折道路

在传统的职业生涯中，人们通常会假设自己在森严的等级制度中往上爬，好像是沿着一条笔直的阶梯爬到顶端。就像电影《毕业生》中，达斯汀·霍夫曼被告知他的未来在“塑料”行业。当然，如今这类职业规划中的假设往往并非如此。相反，我们所面临的职业道路更有可能像里德·霍夫曼所谓的“责任之旅”。[5]

换句话说，我们并不是花费一生的时间思考如何在一个组织中发展，而是更有可能与一群拥有相应技术和能力的人，齐心协力完成一项特定的工作，当这项工作完成时，这个组织就解散了。事实上，一些行业（比如电影行业）和一些公司（比如大型咨询公司）已经在这么做了。

在这样的环境中我们如何构建自己的职业生涯？随着拐点的频繁改变，我们需要做些什么？对于这些问题，人们并不总是很清楚。最近利用领英数据进行的一项研究得出了一个有趣的结论：那些升至高层的人往往积累了不同的技能，他们拥有了解那些他们不熟悉的领域[6]的能力。事实上，著名的发明家、投资者和风险投资家马克将这种能力称为“成为首席执行官的秘方”。他写道：“最成功的企业领袖，并不是最有远见卓识的产品经理，也不是最好的销售人员，不是最好的市场人员，不是最好的金融专家，甚至不是最好的管理者。但是，在这些技能中，他们每一项都掌握了 25% 以上，然后突然间他们就有能力去做一些重要的事情[7]。”

基于一项45.9万人的研究表明，该观点的含义包括以下几点。首先，那些成功进入高层领导职位的人，大多数是从需要解决复杂问题和拥有多种技能的工作开始的，而不是依靠某种单一技能的简单工作开始的。其次，那些愿意承担不同职业角色的人往往也愿意承担一定程度的不称职风险，并向周围的人寻求帮助。最后，所谓的“混合型工作”的机会正在增加。组织正在寻找具有一种以上专长或技能的团队成员。

所以，如果你已经在你的舒适圈做着同样的事情，那你或许应该考虑一下如何去担任某个新的角色，从中你可以受益颇丰。例如，朱莉·斯威特在加入埃森哲后必须学习如何成为一名总经理，这与她作为律师事务所合伙人所要拥有的技能简直有天壤之别。

Bricolage

在艺术或文学中，Bricolage是一个专业术语，意思是集合各种不同的东西来创造新的东西。越来越多的情况表明，成功的职业生涯需要不同的技能组合，而这些技能有时会以意想不到的方式结合在一起。

我的同事和搭档瑞安·麦克马纳斯的职业生涯就是一个很好的例子。我在本书第五章曾写到过他对于数字化转型的看法。麦克马纳斯在艾奥瓦大学攻读本科学位的时候，和我们许多人一样，他“对自己未来要做什么[8]只有非常有限的想法”。然而，在那里待了一段时间后，他意识到自己想要以某种方式获得国际经验，并拥有一个国际化的职业生涯。正如他现在所说的，这个想法是他站在艾奥瓦城的一个街角时产生的，这个决定成了后来他进行许多选择的动力。在艾奥瓦大学时，他也有机会在世界级的艾奥瓦作家工作室学习，他发现这段学习经历是非常宝贵的。这激发他想象能够在未来成为一名有创造力的职场人士。

带着想要获得国际知名度的愿望，他在巴黎度过了一年的海外生活。为了这样做，他必须主修法语（当时他的法语能力有限）。到达巴黎的索邦大学后，他陷入了一个极其具有挑战性的局面。他的法语不流利，但是他要面对的是完全以法语为基础的课程，还要阅读相当复杂的法语小说。后来，他掌握了足够的语言能力来应付。最后，他的法语变得很流利了。

麦克马纳斯作为优秀毕业生代表毕业于艾奥瓦大学，后来被一家大型国际会计公司聘用，负责协调全球营销职能。他在法国的经历和他的法语沟通能力，在不经意间为他担任这个职位做好了准备。他所经历的下一个拐点是互联网和数字化的到来。他开始参与了一些项目，包括为公司建造数字化物业，然后用新的商业模式建立全新的数字业务。这些项目为他增加了数字化的能力。（正如我们前面看到的，数字化首先以一种重要的方式出现在组织生活的营销方面。）很明显，麦克马纳斯感觉到数字革命在不久的将来就会到来，他可以通过“环顾四周”来预见。

接下来，他认为是时候磨炼自己的商业能力了，于是他考取了芝加哥大学的高级工商管理硕士（EMBA）。随后，他加入了埃森哲，并为自己增加了一项新的技能，即战略方向。然后，在与一位高级顾问的对话中，他受到了极大的启发。正如他所说，这位顾问注意到，“在我们与客户进行的许多商业战略对话中，他们都在问我们关于技术的问题；而在谈论技术的对话中，客户都在问我们如何将技术与商业战略联系起来。这使我茅塞顿开，我意识到我们必须在商业和技术的交叉点上建立实践”。这促使他带领埃森哲开始了数字转型战略业务的发展。

随着数字革命从市场营销、产品数字化到商业模式的发展，麦克马纳斯意识到，公司的运营方式将会发生翻天覆地的变化，他希望自己能亲身参与其中。他离开埃森哲，加入了一家拥有50名员工的物联网初创企业。正如他所描述的，在物联网领域，“你有机会直接与公司的所有团队合作，跨越多个开发领域”。如今，他拥有广泛的业务组合，包括咨询、物联网初创公司和董事会服务，所有这些业务都建立在他之前不太可能具备的能力之上。正如他会告诉你的那样，他仍然对学习有着非凡的动力：“我的职业生涯总是包含着我可以学到的东西，并帮助我构建下一个目标。”

生成选项

人们会陷入个人困境的其中一个原因是，他们觉得在下一步上押大赌注风险太大。这可能是对的，但请记住，培养技术和能力并不一定意味着你必须放弃你所知道的一切，从零开始。就像我给企业的建议一样，我告诉他们可以为未来建立各种选择，而不必押上巨大的、高风险的赌注。

一个选项就是一项小的投资，通过它，你能够获得未来做出选择的权利，而不是义务。通常，当我们思考我们想要做什么的时候,就个人而言,我们没有花足够的时间来产生新的选择，去尝试它们，并从中学到东西。正如麦克马纳斯的经历所产生的选择，在他的职业发展过程中被证明是非常有价值的。同样，你也可以投资于那些有可能扩大你今后发现机会的选择。

考虑这个问题时一个有用的方法，就是把设计思维的原则应用到你的选择上。葆拉·戴维斯·拉克在感觉自己作为一名高级律师[9]的工作陷入了死胡同时，她发现了这个方法。如今，她是一名职业生活教练，帮助人们解决职业倦怠的问题。

任何设计挑战的第一步都是要确定我们想要解决的问题，以及在此过程中受到哪些条件的制约。就个人职业生涯而言，你可能会提出这样的问题："我怎样才能找到我接下来想做的工作？"或者"我如何才能最好地利用我所看到的这种趋势？"

需要注意的是，这里，我们只是在设计问题，还没有开始寻找解决方案。你可能希望在这里添加需要记住的每一条限制条件，如财务状况、地理位置、家庭因素或其他方面。切记，不要让它们变得太过沉重，但是也不能不考虑它们，因为这些限制条件有可能在以后激发你的创造力。优秀的设计师会告诉你约束条件是非常有价值的，因为它们塑造了设计决策的环境，也激励你去寻找克服它们的方法。

设计挑战的第二步就是观察。既然你是为自己做这件事，那么你应该考虑一下哪些活动会让你觉得有意义、有趣，或者是让你觉得兴奋。

设计挑战的第三步是思考一下，你想要采取的选择和你的假设分别是什么。葆拉·戴维斯·拉克辞掉工作，去做了一名实习糕点师。此时，她意识到自己未能明确并验证自己所做的假设。她十分讨厌这一切。于是，她又回到了第二步，找出她真正喜欢做的事情。她将之前经历的所有有意义的事情列成了一张清单，不管这些事情是否与工作相关。

设计师通常会为了测试他们的假设而创建原型，有时会创建许多原型。很明显，你不可能创建出一些东西来代表你自己的未来，但是你可以与自己的未来进行对话。就像纳特·特纳和扎克·温伯格在创建 Flatiron Health 公司时所做的那样，不要害怕与那些你认为可以反映你自己列表中的角色的人交谈。以我为例，在我决定攻读博士学位之前，和许多从事学术工作的人交谈过，从而看看自己是否适合长期从事学术工作。是的，你可能会发现很多潜在的选择都是你不感兴趣的，但你也许会从中发现一些可行的想法。

这个过程相当于个人做了一些试验。你也可以做一些事情，比如看看你能否跟随别人做一些工作，借机观察周围的环境。你可以重复几个想法，直到你认为其中一个或多个适合你。从利益相关者那里获得支持也是很有价值的。我有时会让具有不同能力的高管搭档工作，让他们花一些时间观察彼此。回想一下微软公司的萨蒂亚·纳德拉是如何在一段时间内成为网飞公司的内部人士[10]，借此观察里德·哈斯廷斯，从而学习如何做出快速决策和艰难抉择。

在进行了大量的测试和试验之后，现在是进入实现阶段的时候了。此时，你应该重新审视那些限制条件，评估你的选择，并投入到你认为有意义的任何改变中。通过遵循这样一个过程，在你觉得自己已经掌握了足够的知识之前，你不必押下一个巨大的、有风险的赌注。

你要去哪里

你可以采取这样一个好的方法来思考如何通过个人的转折点来安排你的人生旅程，那就是清晰地表达你期待在未来的某一时刻，你的生活会是什么样子。也许是 10 年后，也许是 20 年后。这种表达越清晰，越“真实”，它就越有帮助。

不要把目的地和交通工具弄混了

我在这方面看到的一个最常见的错误是，人们有时会把他们认为对自己有吸引力的未来状态和能够把他们带到那里的交通工具混为一谈。

例如，我有一个客户是高度依赖等级的组织，该组织正在经历一场巨大的变革。我一直在努力帮助他们的领导者认识到，他们如何才能做出必要而及时的改变，从而到达他们想要的未来。我问其中一位公司高管："如果一切顺利，你自己想要达到什么样的目标？"他自信地回答："我想成为一名执行部门的四级高级经理。"我追问他，现在看来你这个想法并未实现，那么当时为何会有如此伟大的想法？无论结果如何，他当时就是认准了这个结果对他来说将是一种解脱。

这是非常危险的。假如这家公司与其他公司合并了，或该公司所在的领域坍塌了，出现了一个扁平的管理结构，或者出现了一些其他重要的拐点，整个执行部门消失了。如果这是你对自己未来状态的思考方式，那么它就会由于缺乏想象力而成为潜在的弱点。相反，你应该专注于你想要的未来状态的结果。

我曾与一位女士有过类似的对话，她认为自己的终极目标是成为一名高级营销总监。当我们更深入地探讨她为什么会有这个想法时，她表示，原因很简单，这是一个很好的职位，因为这将带给她创造性的纬度，让她可以联系并发展他人，因为这能为她提供与高层决策者交流的机会。之后的练习是，设想她能以多种方式达到这些结果。

这是一条风险小得多的道路。这位女士可以设想在不同的部门担任不同的职务。她可以自己创业。她可以加入一家非营利的创意咨询公司。重要的是，通过结果设定目标比通过职位设定目标，能够为她开辟更多的选择。这在处于潜在拐点上时是非常有用的。

踏上你的领导力之旅

在哥伦比亚大学商学院，我们使用一种被称为“领导力生命线”的练习，通过它可以让一个人的个人生涯和职业生涯变得清晰明了，而且能够让我们每个人从中汲取独一无二的经验教训。我们首先要求每个人反思那些塑造他们成为什么样的人的经历，并尽可能把这些经历具体化。多年来我们一直在这么做，但每个人的人生道路从来就不是笔直的。这个练习可以说明你在哪里，以及如何利用拐点在你自己的生活中创造机会。

穿过拐点会给你独特的体验。以一种真实的方式与他人联系，可以为你在拐点的挑战中前行提供巨大的动力。思考并记录你自己的旅程是个不错的方法。这样做的目的是反思你在生活中看到的模式，从而更好地认识并在未来尝试建立类似的模式。这是我发现的一个很有帮助的过程，你可以根据自己的想法自由地发挥或调整。

第一步：创建生命线

找一张大白纸挂在墙上。画出从你出生开始的生命线，这是一幅关于你从出生到现在生活中重要事件的图画。试着把关键事件、人际关系、成功、失败、成就和失望都写进去。你所做的是创造原材料来帮助你理解那些影响你当前信念和行为的关键事件和经历。

对于每一个关键事件，注意它们是如何影响你的。它们是否以某种有意义的方式塑造了你的价值观和你认为重要的东西？你从这些经历中吸取了什么教训，这些教训会继续对你产生影响吗？它们能够相互强化吗？

第二步：确定行为模块

当你在准备画出你的生命线的时候，注意那些反复出现的常见主题，特别是在面对拐点时的弹性行为模块。例如，一名与会者指出了一个共同的主题，即面对不利事件时始终坚持不懈，从而坚定地相信努力工作和坚持不懈的力量。抓住这些关键的价值观，并记下一些能够在你自己的生活经历中反映这些价值观的故事。

同样有价值的是，根据自己的经验明确自己的界限。即使面对诱惑，你还能坚持自己的做法或信念吗？我有位朋友是著名的管理学学者克莱顿·克里斯坦森，他曾多次参加哈佛商学院毕业典礼，他发现他的许多同学都过着他们自己不想过的生活——离婚、与子女和家庭疏远，或者陷入乏味的角色。甚至，像安然公司的杰夫·斯基林一样，身陷囹圄。[11]正如克里斯坦森在 2012 年所说："很明显，我的很多同学实施了一个他们从未计划过的策略[12]！"同年，他鼓励我们所有人要"深思熟虑，清楚地说出我们想成为什么样的人。我们可以清楚地表达出我们所希望的家庭文化，然后你就可以在你的余生中，利用这些东西来帮助你成为你想成为的那种人[13]。"

第三步：开始据此创作你自己的故事

现在，你已经有了生命线和关键主题的文档，你已经做好准备，反思从这段旅程中收获了什么。想象你要写一本自传，或是接受别人的采访。尽可能让它真实。使用大量的例子和细节，这将有助于你脑海中的故事生动。记住，这个步骤的目的是通过反思让你与那些对你的生活有意义的力量保持联系。

第四步：写一篇关于你未来的文章

这是我和同事伊恩·麦克米伦为哥伦比亚商学院高级管理课程（AMP）开发的一项练习，该课程让在这里就读的高管花费数周，沉浸于个人开发和高级管理人员开发。该课程是这样进行的。想象一下 15 年后，你在《财富》等流行杂志或报纸上读到一篇关于你自己的文章。这篇文章说，5 年前，你启动了一系列的活动，导致你的个人轨迹发生了重大而积极的变化。作为这个战略成就的结果，你获得了一个在此之前对你来说是不可想象的巨大成就。请描述一下你所从事的能够创造这样一个积极发展轨迹的项目。

现在，考虑一下你的主要利益相关者。这些人最欣赏你所做出的哪些改变？你为自己做出的积极改变是如何给他们带来巨大变化的？请在你的文章中描述上述内容。

这篇文章的大部分内容都是对你个人风格的赞赏。你是如何分配时间的，也就是说你的日程安排是如何的？你是怎么做决定的？你会把时间和注意力放在什么活动上？你身边有什么样的人？你选择不与什么样的人交往，为什么？

文章的最后一部分讲述了这一切发生时你的家庭所取得的成就。你会如何描述？

第五步：获得对你文章的反馈

与本章之前描述的以利益相关者为中心的反馈过程一样，从其他人那里获得看法可以帮助你增强和优化你的文章。这样做是非常有用的，因为那些利益相关者通常可以帮助你实现你的文章中所描述的生活！经常反思和回顾你的故事，特别是当你要做出一个重大决定时，这可能代表着你个人的拐点。

未来的一篇文章可能产生的影响

沃顿商学院主办的杂志上刊登了一篇文章的节选，其中描述了完成你的文章如何成为你生活的催化剂，正如一名参加哥伦比亚商学院高级管理课程的同学所发现的那样：

> 2009 年的一个深夜，在一个为期五周的高级管理课

程即将结束的时候，奥利维尔·波特里把一个短暂的噩梦变成了他人生梦想的基础。

波特里是总部位于纽约的化妆品巨头雅诗·兰黛的全球旅游零售总裁。他在凌晨1点时惊慌失措地猛然站起，当时他只睡了大约半小时。然后突然想起了最后一项作业，即在《财富》杂志上写一篇关于他自己的模拟文章，背景设定在15年后，详细描述他的成就以及他是如何实现自己所珍视的目标的。波特里半睡半醒地飞快写了起来。

他说："我谈到了我的职业生涯，当然，非常精彩。在写了两页半的工作、职业和事业之后，我开始写别的内容。"

他写道，在2011年，也就是两年之后，他将成立一个名为"头脑训练"的基金会。它将吸引亿万富翁比尔·盖茨的资金，并于2013年在他妻子的祖国海地开办第一所学校，到2025年时该学校将拥有15万名来自全球的学生。

受2010年海地大地震悲剧的影响，6年后，波特里的现实生活比他在那个不眠之夜所想象的要走得更远。事实上，2011年10月，他和他的慈善合作伙伴向海地圣马克的一所公立学校 Lycée Jean-Baptist Point du Sable 高中敞开了大门。圣马克是一个孤立的社区，那里贫困

> 率高，受教育机会少。他认为，这种自我反省的做法，使原本模糊的“为孩子做点事”的感觉更加具体化，形成了一个更具体、更具可操作性的计划[14]。

花点时间自我反省。你永远不知道它会把你引向何方。记住，你是在磨炼和提高你的能力，让你在个人职业生涯中看到未来。这些练习能够迫使你回顾过去，看看自己曾经做过什么，这是一种妙趣横生的方式，可以帮助你为更精确地了解自己想要去的地方、了解自己是否处于正确的轨道上做好准备。

旅程的下一步

人们经常引用路易斯·巴斯德的一句话：“机会总是给有准备的人。”我希望，这趟穿越全球战略拐点的旅程能够启发你、鼓舞你。正如我们所讨论的，你可以做一些具体的、可预测的事情来“环顾四周”，发现下一个拐点。

“环顾四周”的第一步是创造有利位置。拐点不会立即出现，它需要一段时间才能站稳脚跟。因为雪是从边缘融化的，所以在采取明显的行动之前，对外面正在发生的事情保持好奇和开放是至关重要的。识别并解读微弱信号是你可以用决定何时采取行动的第二项技能。从所有的领域考虑，不要受限于人为创造的概念，如“行业”，这样可以帮助你拓宽视野。而且，你永远不会在外部关注上出错，你要做的是关注客户，而不是假设世界将以你喜欢的方式运转。

接下来是采取行动，通过使用发现驱动的方法，你可以较早地控制住突然出现拐点的风险。从小赌注中学习，尝试早期的实验，质疑你自己的假设，这些假设可能是你最大的敌人。

然后，随着组织开始对新的拐点做出反应，我们面临的挑战是，要把一群关键的人带到你身边。我认为让人们关注未来成功的先行指标是非常有用的。

在拐点过后，组织也需要变得有所不同。在组织中建立一种创新能力可以极大地帮助组织确保不会崩溃或被对事物有更好把握的竞争对手超越。

最后，拐点可能是非常个性化的。它们会影响你的领导方式，尤其是在“战时”。它们也可以为你提供机会，让你以一种完全不同于你预期的方式茁壮成长，让你过上你真正渴望的生活。

好消息是，对于每个人来讲，拐点总是代表着机遇。没有理由不应该是你。

关键点

尽早认识到拐点可以带来积极的个人结果。

观察你或者你的组织所处的领域中所发生的变化，并洞察这些变化所带来的机会或产生的风险。

把你的人际网络扩展到你经常与之共事的人之外，可以帮助你看到一些平时无法看到的事情。

有意识地获得（并听取）反馈可以帮助你避免尚未意识到的盲点。

走出办公大楼，通过从不同的角度寻找和投资，可以给你带来好的想法。

你可以轻松地为自己构建场景和弱信号检测机制。

通常，最成功的职业道路是掌握多样化的技能。这有可能毫无帮助，但也有可能效果显著。

技能可以以意想不到的方式组合在一起，创造出巨大的价值。

你可以使用选择原则和设计思维来“设计”你的下一步行动。

花时间把你的关键时刻写下来，对你的目标、人生经验和人生旅程进行反思，这将会对你产生巨大的影响。

致　谢

这项任务比较艰巨。我想，如果能超越奥斯卡式的致谢，向对本书和我本人有过帮助的所有人大声表示感谢，让我的读者对本书背后的故事有所了解，那将是极好的。

个人感谢

书籍让人难以相处，或者更准确地说，它使人在写作的过程中变得难以相处。当交稿日期临近，或是文稿被打回来重新写时，我的丈夫约翰称，这时的我处于“刺猬期”。他甚至给我买了一只可爱的小刺猬（幸运的是它没有尖刺）。当它出现在家中的桌角时，那就是约翰在给我发出警告。

约翰有时比我更支持这本书的出版。当我为另一个看起来十分吸引人的项目或业余活动分心时，他会问我：“那本书写得怎么样了？”他会提醒我说：“你不能随波逐流。”或者当我们讨论该如何消磨时间时，他会问：“这会对那本书产生什么影响吗？”每位作者的身边都应该有一位这样热心的书籍捍卫者。

我的其他家人也习惯了我写作这本书的过程，他们能够很好地保持好奇心（以免一些过于具体的问题使我陷入最后交稿期限引起的恐慌），同时仍然保持一定程度的正常，这让人深感安慰。我们的孩子马特和安妮给了我一些非常有趣的见解，如果我自己埋头写作，这些见解是永远不会出现的。安妮在我写这本书的时候正在攻读工商管理硕士，她对个人动机和商业决策之间的相互影响进行了仔细观察，这些观察被证明是有意义的。马特提出了一些很棒的想法，包括一些公司犯错的例子（以及原因）。他们俩都提醒我，他们出生的那个世界和我成长的那个世界是不同的。

我的父亲沃尔夫冈·冈瑟目睹了柯达的倒闭和施乐最终的衰落。他喜欢给我讲一些商业糊涂虫的故事，这些故事为本书提供了很多素材。虽然我的母亲黑尔厄－莲妮·冈瑟在这本书出版之前就去世了，但在刚开始写作的时候我很受她的鼓舞。我的父母都为我提供了一些例子，告诉我如何在重大转折点上进行明智的冒险，以及如何在不舒服的情况下创造安全空间。

在我写这本书的时候，我的团队给予了我极大的支持。马里昂·莱因森提供了急需的营销技巧，推动了关键项目的进展。帕姆·瑞安是一个天才，她赢得了“虚拟领班”的称号，她让一切看似容易地顺利进行。如果有关于旅行魔法的诺贝尔奖，那么乔塞特·卡里佐当之无愧。现在，特蕾莎·布劳恩、克里斯汀·安德鲁维斯和米西·皮雷拉又帮助我让这本书面世。

如果我不向“福吉一家”致敬，那就是我的失职了。福吉是一家由杰克·莫莱斯科、瑞安·卡西亚和丽贝卡·斯旺共同创办的小型健身房。我的好朋友艾琳问约翰和我是否愿意一起健身，我们确实愿意！我们每周最少去三次，教练和其他成员一直在关注着本书的曲折进程。从伏案工作中解脱出来是一种很好的休息。

我在哥伦比亚商学院的同事给了我很多鼓励和支持。对于我来说，多年来，成为这个机构的一员是一种荣誉。与我们的高管教育客户的对话和讨论大大丰富了书中的例子。特别感谢特里什·戈尔曼，他喜欢就所有的战略问题进行争论，并且强调了在“正确的时间”做出战略选择的重要性。

本书的故事

本书是继我的第一本书《瞬时竞争力：快经济时代的六大制胜战略》之后的第二本书。那本书的论点是，如果你不能指望所拥有的竞争优势持续很长一段时间，那么你需要不断地创造新的优势，并不断地从已经慢慢消失的优势中退出。这是对传统战略的一个挑战，但许多人说，他们发现，与战略教科书上的内容相比，这个方法更适合他们实际面对的世界。

2016 年初，《哈佛商业评论》的编辑梅琳达·梅里诺为这本书提供了最初的动力。她认为，尽管很多人都在围绕着一种新的方式来思考战略和创新，但它们仍然相当混乱和分散。正如她所说，“我们一直在谈论生态系统、平台、数字化、精益、敏捷等，但人们仍然觉得好像不知道该做些什么……人们已经认识到，环境完全改变了，我们需要某种方式来理解这一切”。她表示，竞争优势结束的后续阶段或许可以解决部分问题。

因此，我进行了大量的阅读，并引用到了本书中。尽管如此，为一本书播下一个想法的种子，离形成一个令人信服的、能够实现它的建议，还有相当长的一段路要走。当我们的理财规划师兼好朋友马丁·威尔碰巧给我发了一篇题为《当你改变世界时，没有人注意到》[1]的文章时，我脑海中清晰地浮现出拐点的核心概念。这篇文章描述了《纽约时报》花了三年多时间才提到莱特兄弟的第一次飞行，而用了将近五年时间让他们的成就得到更广泛的认可。哇！我想，如果把世界需要很长时间才能真正改变的想法与安迪·格鲁夫的战略拐点概念结合起来，你会发现，那可能是一个非常有趣的起点。拐点恰巧引用了海明威的《太阳照常升起》中迈克·坎贝尔的话：“刚开始时是慢慢地，而发生却是一瞬间。”对于那些能够较早看到这句话的人来说，这就是机会。

2016年剩下的大部分时间里，我都在整理各种各样的笔记，试图把它们合成某种东西，但却怎么也组合不起来。与此同时，在我的余生中，我与领导权威演讲部门的团队建立了良好的工作关系。马克·弗伦奇、马特·琼斯和雷尼·福斯特是帮助宣传上一本书的最佳搭档。当马特说他们正在和一家文学公司的代理罗斯·尹进行合作的时候，我觉得和他们接触是个好主意，于是我们在2017年1月与他们进行了合作。霍华德·尹是罗斯·尹出版社的一位文学经纪人兼负责人。我有点担心我的“东西”在那个阶段是各种东西的堆砌，但他向我保证，“数据转储”对他来说是最好的东西。

霍华德太棒了。他聪明、直率、诚实、真诚，他有一种不可思议的能力，能找出写作中的亮点，并帮助你摆脱其他乱七八糟的线索。（哦，我的私人工作室地板上乱七八糟的……）这个项目的一个重大转折点是，他让我把整本书都做成幻灯片。（我认为他有点厌倦了费力地读我写的文字，这是打字太快产生的影响之一。）把每件事都归结为简短的演讲片段的要求非常严格。我们进入了一种节奏，他会给我布置“任务”，我会尽最大努力完成这些任务，最终在一年多之后，我们做出的东西让他感到舒服。

接下来是与霍顿·米夫林·哈考特，以及我的编辑里克·沃尔夫的密切合作。我非常欣赏里克，因为他是读者的坚定拥护者。和霍华德一样，他的反馈很直率，也的确很有帮助。在其中一章的写作中，我不确定我们俩谁能争论过谁，但最终我们找到了让我们都满意的内容。里克，我真是太感谢你了。

HMH团队的其他成员都是出版巨头。洛丽·格雷泽和米歇尔·特里安特在宣传中巧妙地策划了一场完整的营销活动，我从来没有想到过这些点子。（谁知道这本书可能有一个特别的女性视角？）布鲁克·伯恩曼和布里安娜·山下在市场营销方面真的很棒，她们很快就找到了本书“品牌”的精髓，并制作了营销材料，这将使这本书能够得到公正的评价。黛比·恩格尔负责处理版权事宜，她与使用其他语言的出版商达成的协议，让本书在其他地区被翻译和销售。在猜测国际上有谁会对什么内容感兴趣这个不可预测的过程中，我们得到了不少欢乐的笑声。凯蒂·吉默勒负责本书的制作。作为一名作家，我真的不知道除了把东西写出来还有这么多复杂的事情。米凯拉·沙利文负责封面设计，我不得不说她的作品非常棒。她想出了不止一个——而是三个——我们都喜欢的设计方案！罗斯玛丽·麦吉尼斯似乎热衷于细节处理和棘手的任务，比如在适当的地方添加脚注。

书里和周边的人

当然，如果没有这些人的真知灼见和故事，本书中的机制就毫无意义。正是这些人为本书带来了现实生活中的故事和灵感。瑞安·麦克马纳斯教会了我大量关于战略、创新和数字转型如何融合在一起的知识，与他共事是一种乐趣。我们现在正忙着研究如何帮助组织应对拐点，同时构建能力。

罗恩·博埃尔从零售业的前线和推动大型组织前进所需的实践活动中为本书提供了深刻的见解。迈克尔·西科尔斯基、特蕾西·齐默尔曼与机器人和铅笔公司的团队正在帮助我们设计自动化战略和创新工具。我们有幸拥有许多其他合作伙伴，他们每个人在战略和创新挑战等方面都是秘密的人才。战略者公司的亚历克斯·奥斯特沃德、Solve Next 公司的麦克·伯恩和格雷格·加勒、Engage/Innovate 公司的克里斯蒂安·瑞根、Outthinker 公司的开汉·克里彭多夫、Mach49 公司的琳达·耶茨和大胆加速器团队，以及 Innosight 团队，都是非常好的合作创造者和合作伙伴。

此外，我很高兴能成为由很多作家和思想家组成的社团中的一员。我在硅谷协会的团队是一个鼓舞人心的团队，能成为他们中的一员是我的荣幸。马歇尔·古德史密斯和他的 100 个教练团队致力于帮助客户变得更好，帮助彼此成长和发展。理查德·斯特劳布独力打造了一个充满活力的思想者群体，为纪念彼得·德鲁克，他们每年在维也纳德鲁克论坛举办庆祝活动。该论坛已经成为我和约翰一年一度的“朝圣之地”。此外，每隔一年，我们都会参加一年一度的“50 位思想家”活动。

最后，我要感谢那些给我灵感的人，他们的故事让我学会了如何观察周围的事物，并让我从早期的拐点中获益。

注　释

导　言

1. Andrew S. Grove, *Only the Paranoid Survive: How to Exploit the Crisis Points That Challenge Every Company and Career*（New York: Doubleday, 1996）.
2. Rita Gunther McGrath and Ian C. MacMillan, *Discovery-Driven Growth: A Breakthrough Process to Reduce Risk and Seize Opportunity*（Boston: Harvard Business Review Press, 2009）.
3. Joseph A. Schumpeter, Capitalism, Socialism, and Democracy（New York: Harper Perennial, 1942）.
4. Paula Span, "Hearing Aids at the Mall？ Perhaps Congress Could Make It Happen," *New York Times*, June 12, 2017.
5. Kim Cavitt, "2016: Will It Be the Year of the Disruption ？ Gosh, I Hope So," HearingHealthMatters.org, February 26, 2016,https://hearinghealthmatters.org/hearinprivatepractice/2016/hearing-aid-industry-disruption-2016-gosh-i-hope-so/.
6. "The Hidden Risks of Hearing Loss," Johns Hopkins Medicine, n.d.,https://www.hopkinsmedicine.org/health/healthy_aging/healthy_body/the-hidden-risks-of-hearing-loss.
7. "Hear Better," Bose, 2019, https://www.bose.com/en_us/products/ wellness/conversation_enhancing_headphones/hearphones.html.
8. "FDA Allows Marketing of First Self-Fitting Hearing Aid Controlled by the User," FDA, press release, October 5, 2018,https://www.fda.gov/NewsEvents/Newsroom/PressAnnouncements/ucm622692.htm.
9. Morgan Housel, "When You Change the World and No One Notices," Collaborative Fund, September 3, 2016,http://www.collaborativefund.com/blog/when-you-change-the-world-and-no-one-notices/.
10. "Gartner Hype Cycle," Gartner, https://www.gartner.com/en/research/methodologies/gartner-hype-cycle. William A. Sahlman and Howard Stevenson, "Capital Market Myopia," *Journal of Business Venturing* 1（1985）: 7–30.
11. Grove, Only the Paranoid Survive.
12. Michael H. Martin, "The Next Big Thing: A Bookstore ？ " *Fortune*, December 9, 1996.

13. Clayton M. Christensen, *The Innovator's Dilemma: When New Technologies Cause Great Firms to Fail*（Boston: Harvard Business School Press, 1997）.

第一章 雪从边缘融化

1. Shona Ghosh, "Christ, This Guy Has the Fate of European Democracy in His Hands," Business Insider Australia, May 24, 2018, https://www.businessinsider.com.au/mark-zuckerberg-facebook-power-emocracy-2018-5.
2. Russell Brandom, "Google' s Bad Day in Congress Came at the Worst Possible Time," The Verge, September 6, 2018, https://www.theverge.com/2018/9/6/17827854/google-congress-regulation-facebook-twitter-ftc-complaints.
3. Andrew S. Grove, *Only the Paranoid Survive: How to Exploit the Crisis Points That Challenge Every Company and Career*（New York: Doubleday, 1996）.
4. "Privacy: An Interpretation of the Library Bill of Rights," American Library Association, amended July 1, 2014,http://www.ala.org/advocacy/intfreedom/library-bill/interpretations/privacy.
5. Sarah Sluis, "Digital Ad Market Soars to $88 Billion, Facebook and Google Contribute 90% of Growth," AdExchanger, May 10, 2018, https://adexchanger.com/online-advertising/digital-ad-market-soars-to-88-billion-facebook-and-google-contribute-90-of-growth/.
6. Steve Kroft, "The Data Brokers: Selling Your Personal Information," 60 Minutes, first aired March 9, 2014, CBS, https://www.cbsnews.com/news/the-data-brokers-selling-your-personal-information/.
7. Alessandro Acquisti, "Privacy and Market Failures: Three Reasons for Concern, and Three Reasons for Hope," *Journal on Telecommunications and High Technology Law* 10, no. 2（2012）: 227–33, http://jthtl.org/content/articles/V10I2/JTHTLv10i2_Acquisti.PDF.
8. Samantha Schmidt, "This Site Will Remove Your Mug Shot—for a Price, Authorities Say. Its Owners Are Charged with Extortion," *Morning Mix blog, Washington Post*, May 18, 2018, https://www.washingtonpost.com/news/morning-mix/wp/2018/05/18/this-site-will-remove-your-mug-shot-for-a-price-now-its-owners-are-charged-with-extortion/.
9. "Disable Third-Party Cookies in Firefox to Stop Some Types of Tracking by Advertisers," Mozilla Support, n.d., https://support.mozilla.org/en-US/kb/disable-third-party-cookies.
10. Jason Murdock, "Facebook Is Tracking You Online, Even If You Don' t Have an Account," *Newsweek*, April 17, 2018, https://www.newsweek.com/facebook-tracking-you-even-if-you-dont-have-account-888699.
11. David Nield, "Here' s All the Data Collected from You as You Browse the Web," *Field Guide*, Gizmodo, December 6, 2017, https://fieldguide.gizmodo.com/heres-all-the-data-collected-from-you-as-you-browse-the-1820779304.
12. Katherine Bindley, "Why Facebook Still Seems to Spy on You," *Wall Street Journal*, February 28, 2019, https://www.wsj.com/articles/facebook-ads-will-follow-you-even-when-your-

privacy-settings-are-dialed-up-11551362400 ? mod=hp_lead_pos7.

13. Sam Schechner and Marc Secada, "You Give Apps Sensitive Personal Information. Then They Tell Facebook," *Wall Street Journal*, February 22, 2019, https://www.wsj.com/articles/you-give-apps-sensitive-personal-information-then-they-tell-facebook-11550851636 ? mod=searchresults&page=1&pos=4&mod=article_inline.

14. Gordon Whitson, "How to Stop Your Smart TV from Tracking What You Watch," *New York Times*, July 26, 2018.

15. Sapna Maheshwari, "TVs That Find an Audience for Your Data," *New York Times*, July 5, 2018.

16. Sarah Perez, "47.3 Million U.S. Adults Have Access to a Smart Speaker, Report Says," TechCrunch, March 7, 2018,https://techcrunch.com/2018/03/07/47-3-million-u-s-adults-have-access-to-a-smart-speaker-report-says/.

17. Corky Siemaszko, "Little Did She Know, Alexa Was Recording Every Word She Said," NBC News, May 24, 2018,https://www.nbcnews.com/tech/tech-news/little-did-she-know-alexa-was-recording-every-word-she-n877286.

18. Nicholas Carlson, "Well, These New Zuckerberg IMs Won't Help Facebook's Privacy Problems," Business Insider, May 13, 2010,https://www.businessinsider.com/well-these-new-zuckerberg-ims-wont-help-facebooks-privacy-problems-2010-5.

19. Saul Hansell, "Site Previously for Students Will Be Opened to Others," *New York Times*, September 12, 2006.

20. Adam Fisher, "Sex, Beer, and Coding: Inside Facebook's Wild Early Days," Wired, July 10, 2010, https://www.wired.com/story/sex-beer-and-coding-inside-facebooks-wild-early-days/. See also Adam Fisher, *Valley of Genius: The Uncensored History of Silicon Valley*（New York: Twelve, 2018）.

21. Rebecca Greenfield, "2012: The Year Facebook Finally Tried to Make Some Money," *Atlantic*, December 14, 2012, https://www.theatlantic.com/technology/archive/2012/12/2012-year-facebook-finally-tried-make-some-money/320493/.

22. Natasha Lomas, "A Brief History of Facebook's Privacy Hostility Ahead of Zuckerberg's Testimony," TechCrunch, April 10, 2018, https://techcrunch.com/2018/04/10/a-brief-history-of-facebooks-privacy-hostility-ahead-of-zuckerbergs-testimony/.

23. Julia Angwin and Terry Parris Jr., "Facebook Lets Advertisers Exclude Users by Race," ProPublica, October 28, 2016, https://www.propublica.org/article/facebook-lets-advertisers-exclude-users-by-race.

24. Rita Gunther McGrath, "The EU's $5 Billion Fine Is Bad News for Google—but It's Not About the Money," *Fortune*, July 20, 2018, http://fortune.com/2018/07/20/google-android-chrome-eu-fine-antitrust-laws/.

25. James F. Haggerty, "Commentary: How Facebook's Response Ignited the Cambridge Analytica Scandal," *Fortune*, March 27, 2018, http://fortune.com/2018/03/27/facebook-cambridge-analytica-data-scandal-crisis-investigation/.

26. Kevin Granville, "Facebook and Cambridge Analytica: What You Need to Know as Fallout

Widens," *New York Times*, March 19, 2018, https://www.nytimes.com/2018/03/19/technology/facebook-cambridge-analytica-explained.html.

27. Lindsey Bever, "Why Apple Co-Founder Steve Wozniak Is Joining the# Delete Facebook Movement," *The Switch* (newsletter) , Washington Post, April 9, 2018, https://www.washingtonpost.com/news/the-switch/wp/2018/04/09/why-apple-co-founder-steve-wozniak-is-joining-the-deletefacebook-movement/.

28. John Herrman, "What Happens When Facebook Goes the Way of Myspace ？ " *New York Times Magazine*, December 12, 2018.

29. Facebook: Ed Mazza, "Apple Co-founder Steve Wozniak Ditches Facebook After Data Scandal," HuffPost, April 9, 2018,https://www.huffingtonpost.com/entry/steve-wozniak-quits-facebook_us_5acaf56ee4b09d0a119529bf.

30. Madison Malone Kircher, "Facebook Is at War and Mark Zucker-berg Is Its General," *Intelligencer*, November 19, 2018,http://nymag.com/intelligencer/ 2018/11/ mark-zuckerberg-declared-facebook-at-war.html.

31. Olivia Solon, "George Soros: Facebook and Google a Menace to Society," *Guardian*, January 26, 2018,https://www.theguardian.com/business/2018/jan/25/george-soros-facebook-and-google-are-a-menace-to-society.

32. Tim Berners-Lee, "The World Wide Web: Past, Present and Future," August 1996, https://www.w3.org/People/Berners-Lee/1996/ppf.html.

33. Danah Boyd, "Will Facebook Learn from Its Mistake ？ ,"Apophenia (blog), September 7, 2006, http://www.zephoria.org/thoughts/archives/2006/09/07/will_facebook_l.html; Danah Boyd, "Facebook ' s 'Privacy Trainwreck' : Exposure, Invasion, and Drama," *Apophenia* (blog) , September 8, 2006, https://www.danah.org/papers/FacebookAndPrivacy.html.

34. Nick O' Neill, "7 Surefire Signs Your New Facebook Friend Is a Fake," *Adweek*, March 3, 2011, https://www.adweek.com/digital/fake-facebook-friend/.

35. James Jacoby and Anya Bourg, "Facebook Insider Says Warnings About Data Safety Went Unheeded by Executives," Frontline, first aired March 20, 2018, PBS, https://www.pbs.org/wgbh/frontline/article/facebook-insider-says-warnings-about-data-safety-went-unheeded-by-executives/.

36. James Vincent, "Former Facebook Exec Says Social Media Is Ripping Apart Society," The Verge, December 11, 2017,https://www.theverge.com/2017/12/11/ 16761016/former-facebook-exec-ripping-apart-society.

37. Nellie Bowles, "Early Facebook and Google Employees Form Coalition to Fight What They Built," *New York Times*,February 5, 2018.

38. Antonio García Martínez, *Chaos Monkeys: Obscene Fortune and Random Failure in Silicon Valley* (New York:HarperCollins, 2016) .

39. Antonio Garcia-Martinez, "I' m an Ex–Facebook Exec: Don' t Believe What They Tell You About Ads," *Guardian*, May 2, 2017, https://www.theguardian.com/technology/2017/may/02/facebook-executive-advertising-data-comment.

40. Brian Mastroianni, "Survey: More Americans Worried About Data Privacy Than

Income," CBS News, January 28, 2016, https://www.cbsnews.com/news/truste-survey-more-americans-concerned-about-data-privacy-than-losing-income/.

41. Paul Mozur, Mark Scott, and Mike Isaac, "Facebook Is Navigating a Global Power Struggle," *New York Times*, September 18, 2017.

42. Larry Elliott, "Is It Time to Break Up the Tech Giants Such as Facebook ？" *Guardian*, March 25, 2018, https://www.theguardian.com/business/2018/mar/25/is-it-time-to-break-up-the-tech-giants-such-as-facebook.

43. Deepa Seetharaman, "Facebook Morale Takes a Tumble Along with Stock Price," *Wall Street Journal*, November 14, 2018, https://www.wsj.com/articles/facebook-morale-takes-a-tumble-along-with-stock-price-1542200400.

44. Sapna Maheshwari, "Senators Urge Investigation of Smart TV Indu-stry, Citing Privacy Concerns," *New York Times*, July 13, 2018.

45. Casey Newton, "Facebook' s Morale Problem Is Getting Worse," The Verge, December 6, 2018,https://www.theverge.com/2018/12/6/18128267/facebook-morale-uk-parliament-emails-privacy-competition.

46. Leo Sun, "Amazon Becomes a Major Contender in Digital Advertising: A Foolish Take," *USA Today*, October 2, 2018,https://www.usatoday.com/story/money/markets/2018/10/02/amazon-contender-digital-advertising-sales/37920325/b.

47. Salvador Rodriguez, "Former Instagram CEO on Why He Quit Facebook: 'No One Ever Leaves a Job Because Everything' s Awesome' ," CNBC, October 15, 2018, https://www.cnbc.com/2018/10/15/instagram-former-ceo-kevin-systrom-on-why-he-left-facebook.html.

48. Amy Webb, *The Signals Are Talking: Why Today's Fringe Is Tomorrow's Mainstream* (New York: PublicAffairs, 2016) .

49. Sara Salinas, "Facebook' s 'Family' Is Getting Smaller, as Several Executives Head for the Exits in a Turbulent Year," CNBC, September 3, 2018, https://www.cnbc.com/2018/09/01/all-the-facebook-executives-who-announced-departure-so-far-in-2018.html.

50. Nick Bilton, "'Oh My God, What Have I Done' : Some Early Facebook Employees Regret the Monster They Created," Vanity Fair, October 12, 2017, https://www.vanityfair.com/news/2017/10/early-facebook-employees-regret-the-monster-they-created.

51. Salvador Rodriguez, "Inside Facebook' s 'Cult-Like' Workplace, Where Dissent Is Discouraged and Employees Pretend to Be Happy All the Time," CNBC, January 8, 2019, https://www.cnbc.com/2019/01/08/facebook-culture-cult-performance-review-process-blamed.html.

52. Aarti Shahani, "Mark Zuckerberg' s Big Blind Spot and the Conflict Within Facebook," *All Tech Considered* (blog) , NPR, October 31, 2017,https://www.npr.org/sections/alltechconsidered/2017/10/31/560667628/mark-zuckerbergs-big-blind-spot-and-the-conflict-within-facebook.

53. Jose Antonio Vargas, "The Face of Facebook," *The New Yorker*, September 20, 2010, https://www.newyorker.com/magazine/2010/09/20/the-face-of-facebook.

54. Jen Chung, "After Porn & Masturbation Incidents, LinkNYC Removes Web Browsing from WiFi Kiosks," Gothamist, September 14, 2016, http://gothamist.com/2016/09/14/free_porno_spigots_cut_off.php.

55. Stephen Denning, *The Age of Agile: How Smart Companies Are Transfor-ming the Way Work Gets Done*（New York: AMACOM, 2018）.

56. Chris Zook and James Allen, "Reigniting Growth," *Harvard Business Review*, March 2016.

57. Motley Fool Staff, "Home Depot Is Doing Everything Right," The Motley Fool, May 23, 2017, https://www.fool.com/investing/2017/05/23/home-depot-is-doing-everything-right.aspx.

58. Peter Sims, *Little Bets: How Breakthrough Ideas Emerge from Small Dis-coveries*, repr. ed.（New York: Simon & Schuster, 2013）.

59. Mark Wilson, "Adobe' s Kickbox: The Kit to Launch Your Next Big Idea," *Fast Company*, February 9, 2015,https://www.fastcompany.com/3042128/adobes-kickbox-the-kit-to-launch-your-next-big-idea.

60. "Discover Kickbox," Adobe, n.d., https://kickbox.adobe.com/what-is-kickbox.

61. Noam Scheiber, "Steady Shifts for Workers Help Stores, Too," *New York Times*, March 28, 2018.

62. John Bielenberg, Mike Burn, and Greg Galle, *Think Wrong: How to Con-quer the Status Quo and Do Work That Matters*（San Francisco: Instigator Press, 2016）.

63. Reza Moaiandin, "How Facebook Ignored Security Warnings for 3 Years," *CPO Magazine,* April 20, 2018, https://www.cpomagazine.com/2018/04/20/how-facebook-ignored-security-warnings-for-3-years.

64. Claudia Geib, "Here' s Why That Recent Abuse of Facebook Data Matters," Futurism, March 20, 2018, https://futurism.com/abuse-facebook-data-cambridge/.

65. Shahani, "Mark Zuckerberg' s Big Blind Spot."

66. Dan Ackman, "Pay Madness at Enron," *Forbes*, March 22, 2002, https://www.forbes.com/2002/03/22/0322enronpay.html#3cec42dd7a6d.

67. Bill Chapell, "Aereo' s TV Streaming Service Is Illegal, Supreme Court Says," *The Two-Way*（blog）, NPR, June 24, 2014, https://www.npr.org/sections/thetwo-way/2014/06/25/325488386/tech-firm-aereo-performs-an-illegal-service-supreme-court-says.

68. Jeff John Roberts, "Facebook Has Been Hit by Dozens of Data Lawsuits. And This Could Be Just the Beginning," *Fortune*, April 30, 2018, http://fortune.com/2018/04/30/facebook-data-lawsuits/.

69. Zeynep Tufekci, "Mark Zuckerberg Is in Denial," *New York Times*, November 15, 2016.

70. Karen Zraick, "Mark Zuckerberg Seeks to Clarify Remarks About Holocaust Deniers After Outcry," *New York Times,* July 18, 2018.

71. John Markoff, "Social Networks Can Affect Voter Turnout, Study Says." *New York Times*, September 13, 2012.

72. Dave Carpenter, "Rand McNally Adapts to New Age with Software, Gadgets," *Houston*

Chronicle, October 18, 2006, https://www.chron.com/business/technology/article/Rand-McNally-adapts-to-new-age-with-software-1511674.php.

73. See Scott D. Anthony, Clark G. Gilbert, and Mark W. Johnson, *Dual Transformation: How to Reposition Today's Business While Creating the Future* (Cambridge: Harvard Business Review Press, 2017) .
74. "Hi, We' re ... Nice to Meet You," Mailchimp, n.d., https://mailchimp.com/did-you-mean/.

第二章 早期预警

1. Patrick Marren, email communication with author, February 28, 2019.
2. Clifford Stoll, "Why the Web Won' t Be Nirvana," *Newsweek*, February 26, 1995, http://www.newsweek.com/clifford-stoll-why-web-wont-be-nirvana-185306.
3. Claire Cockburn and T. D. Wilson, "Business Use of the World-Wide Web," *Information Research* 1, no. 2 (1995) , http://www.informationr.net/ir/1-2/paper6.html.
4. Bill Gates, with Nathan Myhrvold and Peter Rinearson, *The Road Ahead* (New York: Viking, 1995) .
5. Stephen G. Blank, "Why Tim Cook Is Steve Ballmer and Why He Still Has His Job at Apple," blog post, October 24, 2016,https://steveblank.com/2016/10/24/why-tim-cook-is-steve-ballmer-and-why-he-still-has-his-job-at-apple/.
6. Sanjay Purohit, interview with author, December 14, 2018.
7. See, for example, Mark Heymann, "Spotlight on Service: Integrating Workforce Management with Employee Engagement to Optimize Customer Satisfaction and Profitability," *Global Business and Organizational Excellence* 34, no. 5 (2015) : 6–12; Lisa Cain, Sarah Tanford, and Lenna Shulga, "Customers' Perceptions of Employee Engagement: Fortifying the Service-Profit Chain," *International Journal of Hospitality & Tourism Administration* 19, no. 1 (2018) : 52–77; Ieva Martinaityte, Claudia Sacramento, and Samuel Aryee, "Delighting the Customer: Creativity-Oriented High-Performance Work Systems, Frontline Employee Creative Performance, and Customer Satisfaction," *Journal of Management* 45, no. 2 (2019) : 728–51; and Dharmendra Mehta and Naveen K. Mehta, "Employee Engagement: A Literature Review," *Economia: Seria Management* 16, no. 2 (2013) : 208–15.
8. Amy Edmondson, "Psychological Safety and Learning Behavior in Work Teams," *Administrative Science Quarterly* 44 (1999) : 350–83; Peter Cauwelier, "Building High-Performance Teams Through Action Learning," *Action Learning: Research and Practice* 16, no. 1 (2019) : 68–76.
9. Matt Weinberger, "Satya Nadella: 'Customer Love' Is a Better Sign of Success Than Revenue or Profit," Business Insider, October 7, 2015, http://www.businessinsider. com/microsoft-ceo-satya-nadella-on-culture-2015-10.
10. Sam Harnett, "How Delivery Apps Are Changing the Restaurant Industry," Marketplace, November 19, 2018,https://www.marketplace.org/2018/11/19/business/how-delivery-apps-are-changing-restaurant-industry.

11. P. Schoemaker and C. A. J. M. van der Heijden, "Integrating Scenarios into Strategic Planning at Royal Dutch/Shell," *Planning Review,* May/June, 1992.

12. Andrew S. Grove, "Surviving a 10X Force," *Strategy & Leader-ship* 25, no. 1（1997）: 35–37.

13. Derek Alexander Muller, "This Will Revolutionize Education," YouTube, December 1, 2014, https://www.youtube.com/watch？ v=GEmuEWjHr5c.

14. Paula J. Hane, "Fathom This: Academic and Cultural Institutions Partner to Create Interactive Knowledge Company," Information Today, April 10, 2000, http://newsbreaks.infotoday.com/nbreader.asp？ ArticleID=17822.

15. Karen Hua, "Education as Entertainment: YouTube Sensations Teaching the Future," *Forbes*, June 23, 2015, https://www.forbes.com/sites/karenhua/2015/06/23/education-as-ntertainment-youtube-sensations-teaching-the-future/#73ea596247c2.

16. "37 Percent of May 2016 Employment in Occupations Typically Requiring Postsecondary Education," US Department of Labor, Bureau of Labor Statistics, June 28, 2017, https://www.bls.gov/opub/ted/2017/37-percent-of-may-2016-employment-in-occupations-typically-requiring-postsecondary-education.htm？ view_full.

17. Joseph B. Fuller and Manjari Raman, "Dismissed by Degrees: How Degree Inflation Is Undermining U.S. Competitiveness and Hurting America' s Middle Class"（report, Accenture, Grads of Life, and Harvard Business School, October 2017）, https://www.hbs.edu/managing-the-future-of-work/Documents/dismissed-by-degrees.pdf.

18. Jeffrey J. Selingo, "Wanted: Factory Workers, Degree Required," *New York Times*, January 30, 2017.

19. Timothy McMahon, "College Tuition and Fees vs Overall Inflation," InflationData.com, June 14, 2012, https://inflationdata.com/articles/charts/college-tuition-fees-inflation/.

20. Anthony Cilluffo, "5 Facts About Student Loans," Pew Research Center, August 24, 2017, http://www.pewresearch.org/fact-tank/2017/08/24/5-facts-about-student-loans/.

21. Selingo, "Wanted: Factory Workers."

22. Dan Schawbel, "10 Workplace Trends You' ll See in 2018," *Forbes,* November 1, 2017, https://www.forbes.com/sites/danschawbel/2017/11/01/10-workplace-trends-youll-see-in-2018/#68a0ecc4bf22.

23. Cathy Sandeen, "The Emerging World of Alternative Credentials," *Higher Education Today*（blog）, American Council on Education, October 1, 2013, https://www.higheredtoday.org/2013/10/01/the-emerging-world-of-alternative-credentials/.

24. Mordy Golding, "What' s Next in L&D: Experts Reveal Predictions for 2017," *The Learning Blog,* LinkedIn, January 19, 2017, https://learning.linkedin.com/blog/learning-thought-leadership/what_s-next-in-l-d--experts-reveal-predictions-for-2017.

25. Ainsley Harris, "Say Hello to the University of Microsoft," *Fast Company,* June 17, 2015, https://www.fastcompany.com/3046941/say-hello-to-the-university-of-microsoft.

26. John Holusha, "Steel Mini-Mills Could Bring Boon or Blood Bath," *New York Times*, May 30, 1995.

27. Clayton Christensen, Michael B. Horn, and Curtis Johnson, *Disrupting Class: How*

Disruptive Innovation Will Change the Way the World Learns, exp. ed.（New York: McGraw-Hill Education, 2016）.

28. Michael M. Harmon, "Business Research and Chinese Patriotic Poetry: How Competition for Status Distorts the Priority Between Research and Teaching in U.S. Business Schools," *Academy of Management Learning & Education* 5, no. 2（2006）: 234–43.

29. Stephen Denning, "Why Business Schools Teach Yesterday' s Expertise," *Forbes*, May 27, 2018.

30. Scott Jaschik, "When Colleges Rely on Adjuncts, Where Does the Money Go？," Inside Higher Ed, January 5, 2017, https://www.insidehighered.com/news/2017/ 01/05/study-looks-impact-adjunct-hiring-college-spending-patterns.

31. Jillian D' Onfro, "Jeff Bezos' Brilliant Advice for Anyone Running a Business," Business Insider, January 31, 2015, https://www.businessinsider.com/jeff-bezos-brilliant-advice-for-anyone-running-a-business-2015-1.

第三章　注意微弱信号：定义你的竞技场

1. Matthew S. Olson, Derek van Bever, and Seth Verry, "When Growth Stalls," *Harvard Business Review*, March 2008.

2. Rita Gunther McGrath, *The End of Competitive Advantage: How to Keep Your Strategy Moving as Fast as Your Business*（Boston: Harvard Business Review Press, 2013）.

3. Michael E. Porter, *Competitive Advantage: Creating and Sustaining Superior Performance*（New York: Free Press, 1985）.

4. Tim Brown and Roger L. Martin, "Design for Action," *Harvard Business Re-view*, September 2015.

5. Kaitlyn Tiffany, "The Absurd Quest to Make the 'Best' Razor," Vox, December 11, 2018, https://www.vox.com/the-goods/2018/ 12/11/18134456/best-razor-gillette-harrys-dollar-shave-club.

6. Adam Alter, *Irresistible: The Rise of Addictive Technology and the Business of Keeping Us Hooked*（New York, Penguin Press, 2017）.

7. Alexei Agratchev, "New Metrics for a New Retail Industry," The Robin Report, May 2, 2016, https://www.therobinreport.com/new-metrics-for-a-new-retail-industry.

8. "The Teens Market in the U.S.," Packaged Facts, June 1, 2007, https://www.packaged-facts.com/Teens-1493744/.

9. Ylan Q. Mui, "As the Kids Go Buy," *Washington Post*, June 4, 2007.

10. Ryan Knutson and Theo Francis, "Basic Costs Squeeze Families," *Wall Street Journal*, December 1, 2014.

11. Elizabeth A. Harris and Rachel Abrams, "More Plugged-In Than Preppy," *New York Times*, August 28, 2014.

12. Vanessa Friedman, "Stepping Off the Runway," *New York Times*, February 11, 2016.

13. Walter Loeb, "Zara Leads in Fast Fashion," *Forbes,* March 30, 2015, https://www.forbes.com/sites/walterloeb/2015/03/30/zara-leads-in-fast-fashion/#6b316 b759447.

14. Lauren Thomas, "Amazon' s Shoe Business Sees Double-Digit Growth, and the Year Is Only Halfway Over," CNBC, August 3, 2017, https://www.cnbc.com/2017/08/03/amazons-shoe-business-sees-double-digit-growth-and-the-year-is-only-halfway-over.html.
15. Nerijus Adomaitis, "Statoil to Become Equinor, Dropping 'Oil' to Attract Young Talent," Reuters, May 15, 2018, https://www.reuters.com/article/us-statoil-agm-equinor/statoil-to-become-equinor-dropping-oil-to-attract-young-talent-idUSKCN1IG0MN.

第四章 是顾客，而不是人质

1. Stu Woo, "Under Fire, Netflix Rewinds DVD Plan," *Wall Street Journal*, October 11, 2011.
2. Ashley Rodriguez, "Netflix Was Founded 20 Years Ago Today Because Reed Hastings Was Late Returning a Video," Quartz, August 29, 2017, https://qz.com/ 1062888/netflix-was-founded-20-years-ago-today-because-reed-hastings-was-late-a-returning-video/.
3. Charlie Gaudet, "6 Strategies Netflix Can Teach Us for Dominating Our Market," Predictable Profits, n.d., https://predictableprofits.com/6-strategies-netflix-can-teach-us-ominating-market/.
4. Ashlee Kieler, "On This Day in 1984, the Supreme Court Saved the VCR from Certain Death," Consumerist, January 17, 2014, https://consumerist.com/ 2014/01/17/on-this-day-in-1984-the-supreme-court-saved-the-vcr-from-certain-death/.
5. E. Scott Mayfield, "Netflix（2000）"（case study, Harvard Business School, September 2000; revised January 2016）.
6. Rumble Press, "If Only Blockbuster Had Listened to Enron: How Block-buster Blew a Chance to Dominate Video-on-Demand," Medium, n.d., https://medium.com/@rumblepress/if-only-blockbuster-had-listened-to-enron-4166752a78de.
7. Jason Del Ray, "This Is the Jeff Bezos Playbook for Preventing Amazon' s Demise," Recode, April 12, 2017, https://www.recode.net/2017/4/12/ 1527 4220/jeff-bezos-amazon-shareholders-letter-day-2-disagree-and-commit.
8. "Blockbuster: Its Failure and Lessons to Digital Transformers," sub- mission, Digital Initiative, Harvard Business School, February 2, 2017, https://digit.hbs.org/submission/blockbuster-its-failure-and-lessons-to-digital-transformers/.
9. Michael Liedtke and Mae Anderson, "Blockbuster Tries to Rewrite Script in Bankruptcy," Boston.com, September 23, 2010, http://archive.boston.com/business/articles/2010/09/23/blockbuster_tries_to_rewrite_script_in_bankruptcy/.
10. Ian MacMillan and Rita Gunther McGrath, "Discover Your Products' Hidden Potential," *Harvard Business Review*, June 1996.
11. W. Sean Owen, "Why Netflix Can' t Match Blockbuster' s Competi-tive Advantage," Seeking Alpha, March 27, 2007,
12. https://seekingalpha.com/article/30771-why-netflix-cant-match-blockbusters-competitive-advantage.
13. John Antioco, "Blockbuster' s Former CEO on Sparring with an Activist Shareholder," *Harvard Business Review*, April 2011.

14. Greg Satell, "A Look Back at Why Blockbuster Really Failed and Why It Didn' t Have To," *Forbes*, September 5, 2014, https://www.forbes.com/sites/gregsatell/2014/09/05/a-look-back-at-why-blockbuster-really-failed-and-why-it-didnt-have-to/#6f0d31ac1d64b.

15. "Netflix Offers Subscribers the Option of Instantly Watching Movies on Their PCs," Netflix, press release, January 16, 2007, https://media.netflix.com/en/press-releases/netflix-offers-ubscribers-the-option-of-instantly-watching-movies-on-their-pcs-migration-1.

16. Ryan Lawler, "Netflix: The Future Is Streaming," Gigaom, May 27, 2010, https://gigaom.com/2010/05/27/netflix-the-future-is-streaming/.

17. Rex Crum, "Netflix Facing a Fight Against Obsolescence," MarketWatch, October 25, 2011, https://www.marketwatch.com/story/netflix-facing-a-fight-against-obsolescence-2011-10-25.

18. Nick Wingfield and Brian Stelter, "How Netflix Lost 800,000 Members, and Good Will," *New York Times*, October 24,2011, https://www.nytimes.com/2011/10/25/technology/netflix-lost-800000-members-with-price-rise-and-split-plan.html.

19. Rebecca Greenfield, "Netflix Snaps Up DVD.com Domain," *Atlan-tic*, March 30, 2012.

20. Rani Molla, "Netflix Now Has Nearly 118 Million Streaming Sub-scribers Globally," Recode, January 22, 2018, https://www.recode.net/2018/1/22/ 16920150/netflix-q4-2017-earnings-subscribers.

21. Gerry Smith, "Who Killed the Great American Cable Bundle?," Bloom- berg, August 8, 2018, https://www.bloomberg.com/news/features/2018-08-08/who-killed-the-great-american-cable-tv-bundle.

22. Sarah Perez, "Netflix Reaches 75% of US Streaming Service Viewers, but YouTube Is Catching Up," TechCrunch, April 10, 2017, https://techcrunch.com/2017/ 04/10/netflix-reaches-75-of-u-s-streaming-service-viewers-but-youtube-is-catching-up/.

23. Alex Sherman, "Reed Hastings Won by Studying Amazon—Then Running in the Opposite Direction," CNBC, June 16, 2018, https://www.cnbc.com/2018/06/13/netflix-reed-hastings-inspiration-amazon.html.

24. Wingfield and Stelter, "How Netflix Lost 800 000 Members."

25. Matthew Ball, "Netflix Isn't Being Reckless, It's Just Playing a Game No One Else Dares（Netflix Misunderstandings, Pt. 3）," Redef, July 8, 2018, https://redef.com/original/5b400a2779328f4711d5675e?curator=MediaREDEFb.

26. 通过手机：Kis Leswing, "Two Photos of Tiger Woods Taken 16 Years Apart Show How Much Smartphones Have Changed the World," Business Insider, August 11, 2018, https://www.businessinsider.com/tiger-woods-photos-show-how-smartphones-changed-the-world-2018-8.

27. Lawrence Van Gelder, "Medallion Limits Stem from the 30's," *New York Times*, May 11, 1996,https://www.nytimes.com/1996/05/11/nyregion/medallion-limits-stem-from-the-30-s.html.

28. Ameena Walker, "In NYC, 139 Prized Yellow Taxi Medallions Will Hit the Auction

Block," Curbed New York, June 11, 2018,

29. https://ny.curbed.com/2018/6/11/17450366/nyc-taxi-medallions-bankruptcy-auction.

30. Megan McArdle, "Why You Can' t Get a Taxi," Atlantic, 2012.

31. Winnie Hu, "Uber, Surging Outside Manhattan, Tops Taxis in New York City," *New York Times*, October 12, 2017, https://www.nytimes.com/2017/10/12/nyregion/uber- taxis-new-york-city.html? module=inline.

32. Shona Ghosh, "Underpaying Drivers Is 'Essential' to Uber's Business Mo-del, According to a New Study on Low Wages," Business Insider, March 7, 2018, https://www.businessinsider.in/Underpaying-drivers-is-essential-to-Ubers-business-model-according-to-a-new-study-on-low-wages/articleshow/63202511.cms.

33. Dan Primack, "Scooter Startup Bird Is Seeking a $2 Billion Valuation," Axios, June 12, 2018, https://www.axios.com/scooter-startup-bird-is-seeking-a-2-billion-valuation-1528813078-11187061-2a49-440c-a2e6-65e74faad5ec.html.

34. Associated Press, "Amazon, Buffett, JPMorgan Chase Tackle US Health Care Tapeworm," Marketplace, January 30, 2018, https://www.marketplace.org/2018/01/30/health-care/amazon-buffett-jpmorgan-chase-tackle-us-health-care-tapeworm.

35. "Why Is Health Care So Expensive ? " *Consumer Reports*, Septem-ber 2014.

36. "Pharmacy Benefit Managers (PBMs) 101," National Community Pharmacists Association, n.d., http://www.ncpa.co/pdf/leg/nov12/pbm_one_pager.pdf.

37. Charley Grant, "Hidden Profits in the Prescription Drug Supply Chain," *Wall Street Journal*, February 24, 2018.

38. Adam J. Fein, "The Outlook for Pharmacy Benefit Manage-ment: Evolution or Disruption ? " (handout, 2018 National Conference of the Pharmacy Benefit Management Institute, Palm Springs, CA, March 5, 2018) , http://drugchannelsinstitute.com/files/PBMI-PBM_Outlook-Drug_Channels-Fein-Mar2018-Handouts.pdf.

39. Neil Weinberg and Robert Langreth, "Drug Costs Too High ? Fire the Middleman," Bloomberg, March 3, 2017, https://www.bloomberg.com/news/articles/2017-03-03/drug-costs-too-high-fire-the-middleman.

40. Jared S. Hopkins, "Drug-Price Plan Echoes a Regulatory Remnant of Financial Crisis," Bloomberg, May 17, 2018, https://www.bloomberg.com/news/articles/2018-05-17/drug-price-plan-echoes-a-regulatory-remnant-of-financial-crisis.

41. Briana Montalvo, "Many Overpay for Prescriptions When Co-pays Are Higher Than Drug Prices: Study," ABC News, March 15, 2018, https://abcnews.go.com/Health/overpay-prescriptions-pays-higher-drug-prices-study/story ? id=53767651.

42. Michael Hiltzik, "The 'Clawback' : Another Hidden Scam Driving Up Your Prescription Prices," *Los Angeles Times*, August 9, 2017, http://www.latimes.com/ business/hiltzik/la-fi-hiltzik-clawback-drugs-20170809-story.html.

43. Jacklyn Wille, "Prescription Drug Clawbacks Under Fire from Law-makers, Lawyers," Bloomberg, March 23, 2018, https://www.bna.com/prescription-drug-clawbacks-n57982090234/.

44. Todd N. Bisping, "Caterpillar Breaks New Ground Managing the Pres- cription Drug Supply

Chain," *American Journal of Pharmacy Benefits* 2, no. 2（2010）: 103–5.

45. Eileen Koutnik-Fotopoulos, "Coalition Fights for Total Transparency," *Phar-macy Times*, February 1, 2006.
46. John Carroll, "Having Mined Gold in Pharmacy Deal, Caterpillar Sets Sights on Gold-Standard Therapies," *Biotechnology Healthcare* 6, no. 2（2009）: 49–50.
47. Staff Report, "Bulldozing Pharmacy Benefit Managers, Caterpillar Engineers Drug Cost Savings," *Workforce*, December 1, 2009, http://www.workforce.com/2009/12/01/bulldozing-pharmacy-benefit-managers-caterpillar-engineers-drug-cost-savings/.
48. "Amazon Is Likely to Succeed at Healthcare and Have Lasting, Disruptive Impact: Five Scenarios Show How It Will Enter and Prevail," Cision PR Newswire, March 26, 2018, https://www.prnewswire.com/news-releases/amazon-is-likely-to-succeed-at-healthcare-and-have-lasting-disruptive-impact-five-scenarios-show-how-it-will-enter-and-prevail-300619075.html.

第五章 什么一定是正确的？制订一个快速学习的计划

1. "Jeff Bezos: People Who Are Right a Lot Listen a Lot," Conver-sation Agent, n.d., https://www.conversationagent.com/2016/11/jpeople-who-are-right-a-lot-listen-a-lot.html.
2. Rita Gunther McGrath and Ian C. MacMillan, *Discovery-Driven Growth: A Breakthrough Process to Reduce Risk and Seize Opportunity*（Boston: Harvard Business Review Press, 2009）.
3. Paul Saffo, "Six Rules for Effective Forecas-ting," *Harvard Business Review*, July–August 2007.
4. Peter Sims, *Little Bets: How Breakthrough Ideas Emerge from Small Discover-ies*, repr. ed.（New York: Simon & Schuster, 2013）.
5. McGrath and MacMillan, *Discovery-Driven Growth*.
6. Nassim Nicholas Taleb, *Antifragile: Things That Gain from Disorder*（New York: Random House, 2012）.
7. Pierre Leroy and Ryan P. McManus, "Value Creation and Corporate Survival in the Digital Revolution," Venture Lab, July 12, 2016, http://theventurelab.blogspot.com/ 2016/07/value-creation-and-corporate-survival.html; Ryan P. McManus, "Understanding the Past, Present, and Future of the Digital Revolution," *BoardTalk*（blog）, NACD, September 26, 2017, https://blog.nacdonline.org/posts/digital-past-present-future.
8. Douglas Galbi, "U.S. Annual Advertising Spending Since 1919," Galbi Think!, September 14, 2008, https://www.galbithink.org/ad-spending.htm.
9. Thomas Bagshaw, "The Evolution of Google AdWords—A $38 Billion Advertising Platform," *WordStream*（blog）, April 3, 2015, https://www.wordstream.com/blog/ws/2012/06/05/evolution-of-adwords.
10. Elisa Gabbert, "How Does the AdWords Auction Work？［Infog-raphic］," *WordStream*（blog）, July 27, 2018, https://www.wordstream.com/blog/ws/ 2011/11/16/how-adwords-works.

11. John E. Lincoln, "How Does Pay-Per-Click Work ？ ," Ignite Visibility, 2019, https://ignitevisibility.com/how-does-ppc-work/.

12. Suzanne Vranica and Jack Marshall, "Plummeting Newspaper Ad Revenue Sparks New Wave of Changes," *Wall Street Journal*, October 20, 2016, https://www.wsj.com/articles/plummeting-newspaper-ad-revenue-sparks-new-wave-of-changes-1476955801.

13. Barry M. Staw, "Knee-Deep in the Big Muddy—A Study of Escalating Commitment to a Chosen Course of Action," *Organizational Behavior and Human Performance* 16, no. 1（1976）: 27.

14. "BBC Was 'Complacent' over Failed £100m IT Project," BBC News, April 10, 2014, https://www.bbc.com/news/entertainment-arts-26963723.

15. Peter Brightwell, "Standardising Media Delivery in a File-Based World"（research white paper, no. WHP 158, BBC, December 2007）, http://downloads.bbc.co.uk/rd/pubs/whp/whp-pdf-files/WHP158.pdf.

16. Robert N. Charette, "BBC Blows £98 Million on Digital Media Initiative," *IEEE Spectrum*, May 30, 2013, https://spectrum.ieee.org/riskfactor/computing/it/bbc-blows-984m-on-igital-media-initiative-project.

17. "Siemens Selects Cinegy for BBC' s Digital Media Initiative," TV Techno- logy, April 23, 2008, https://www.tvtechnology.com/opinions/siemens-selects-cinegy-for-bbcs-digital-media-initiative.

18. House of Commons, Committee of Public Accounts, "The BBC' s Management of Its Digital Media Initiative," Twenty-Ninth Report of Session 2010–11（London: Stationery Office, April 7, 2011）, https://publications.parliament.uk/pa/cm201011/cmselect/cmpubacc/808/808.pdf.

19. Elizabeth Daniel and John Ward, "BBC' s DMI Project Failure Is a Warning to All Organisations," *Computer Weekly*, June 2013, https://www.computer-weekly.com/opinion/BBCs-DMI-project-failure-is-a-warning-to-all-organisations.

20. House of Commons, Committee of Public Accounts, "The BBC' s Management of Its Digital Media Initiative."

21. Dominic Coles, "The BBC Announces the Closure of the Digital Media Initiative—DMI," *About the BBC*（blog）, May 2013, http://www.bbc.co.uk/blogs/aboutthebbc/entries/1b3fa3ed-9775-32e7-a68c-9a8272d7c23c.

22. Becky Ham, "Scientists Must Adapt to 'Inflection Point' in Cancer Research, Says Biden," American Association for the Advancement of Science, February 18, 2018, https://www.aaas.org/news/scientists-must-adapt-inflection-point-cancer-research-says-biden.

23. Nicholas Carlson, "After Selling a Startup to Google for $81 Million, 26-Year-Old Nat Turner Now Wants to Solve Healthcare," Business Insider, June 5, 2012, https://www.businessinsider.com/after-selling-a-startup-to-google-for-81-million-26-year-old-nat-turner-now-wants-to-solve-healthcare-2012-6.

24. Sarah Buhr, "Swiss Pharma Company Roche Is Buying Flatiron Health for $1.9 Billion," TechCrunch, February 15, 2018, https://techcrunch.com/2018/02/15/swisspharma-company-roche-is-buying-flatiron-health-for-1-9-billion/.

25. "How Invite Media's Founder Is Making Sure Success 'Wasn't a Fluke'," *Financial Post*, February 8, 2012, https://business.financialpost.com/entrepr-eneur/fp-startups/how-invite-medias-founder-is-making-sure-success-wasnt-a-fluke.

26. Ibid.

27. "Nat Turner: Young, Entrepreneurial and Google-Owned," interview with Knowledge@ Wharton High School, February 5, 2011, http://kwhs.wharton.upenn.edu/2011/02/nat-turner-young-entrepreneurial-and-google-owned/.

28. Mary Woods, "Nat Turner Disrupts the Health Care Industry," YPO, February 2017, https://www.ypo.org/2017/02/entrepreneur-nat-turner-shakes-up-the-health-care-industry/.

29. Richard Feloni and Daniel Richards, "The 32-Year-Old Who Sold His First Company for $80 Million and a Second for $2 Billion Talks About Writing to Richard Branson, How He's a Terrible Employee, and Why He Never Intends to Build Companies to Sell Them," Business Insider, March 12, 2018, https://www.businessinsider.com/nat-turner-flatiron-health-interview-2018-3.

30. Ibid.

31. Ibid.

32. Woods, "Nat Turner Disrupts the Health Care Industry." "more reliable treatment decisions" : Jennifer Bresnick, "FDA: Real-World Data, Machine Learning Critical for Clinical Trials," HealthITAnalytics.com, January 31, 2019, https://healthitanalytics.com/news/fda-real-world-data-machine-learning-critical-for-clinical-trials.

33. "Pivotal Study Validates Real-World Mortality Endpoint for Onco- logy Research," Flatiron, press release, May 14, 2018, https://flatiron.com/press/press-release/validates-real-world-mortality-endpoint/.

34. C. H. Bartlett, J. Mardekian, M. Cotter, et al. "Abstract P3-17-03: Concordance of Real World Progression Free Survival (PFS) on Endocrine Therapy as First Line Treatment for Metastatic Breast Cancer Using Electronic Health Record with Proper Quality Control Versus Conventional PFS from a Phase 3 Trial," in *2017 San Antonio Breast Cancer Symposium*, supplement, *Cancer Research* 78, no. 4 (2018) , http://cancerres.aacrjournals.org/content/78/4_Supplement/P3-17-03.

35. David Shaywitz, "The Deeply Human Core of Roche' s $2.1 Billion Tech Acquisition—and Why It Made It," Forbes, February 18, 2018, https://www.forbes.com/sites/davidshaywitz/2018/02/18/the-deeply-human-core-of-roches-2-1b-tech-acquisition-and-why-they-did-it/#6395534029c2.

36. Jake Cook, "Steve Blank: Lessons from 35 Years of Making Startups Fail Less," 99U, November 29, 2012,http://99u.com/articles/7256/steve-blank-lessons-from-35-years-of-making-startups-fail-less.

37. Carol Seagle and Lisa Jones Christensen, "Case Study: Procter & Gamble's Pur," *Financial Times*, March 2, 2011,

38. https://www.ft.com/content/1415f250-44fe-11e0-80e7-00144feab49a.

39. Yuting Su, "Octobo—a Toy That Can Actually Respond to Feedback from Children and Truly Engage Them in Genuine Interactive Play," OpenIDEO, February 14, 2018, https://challenges.openideo.com/challenge/ecprize/submission/octobo.

40. "Meet the Entrepreneur Revolutionizing Toys by Blending Physical and Digital Play," Comcast NBCUniversal LIFT Labs for Entrepreneurs, August 27, 2018, https://lift.comcast.com/2018/08/meet-the-entrepreneur-revolutionizing-toys-by-blending-physical-and-digital- play/.

第六章 激励组织

1. Adam Lashinsky, "What Makes Amazon CEO Jeff Bezos Such a Visio-nary Leader," *Fortune*, April 14, 2017, http://fortune.com/2017/04/14/data-sheet-be- like-jeff-bezos/.

2. Gokce Sargut and Rita Gunther McGrath, "Learning to Live with Complexity," *Harvard Business Review*, September 2011.

3. Dean Takahashi, "The Rise and Fall of Microsoft' s Xbox Champions, Robbie Bach and J Allard," VentureBeat, May 25, 2010, https://venturebeat.com/2010/05/25/microsofts-longtime-entertainment-executives-robbie-bach-and-j-allard-resign/.

4. Steve Lohr, "Microsoft Says Internet Browser Idea Arose Long Before Netscape," *New York Times*, August 6, 1998, https://www.nytimes.com/1998/08/06/business/microsoft-says-internet-rowser-idea-arose-long-before-netscape.html.

5. Ibid.

6. Ibid.

7. "405 Million Mobile Phones Sold in 2000, and Makers Still Get Stung," *Los Angeles Times*, January 10, 2001, http://articles.latimes.com/2001/jan/10/business/fi-10497.

8. Jason Duane Hahn, "The History of the Sidekick: The Coolest Smartphone of All Time," *Complex*, September 11, 2015, https://www.complex.com/pop-culture/2015/09/history-of-the-sidekick.

9. Chris DeSalvo, "The Future That Everyone Forgot—Some of the Work We Did at Danger," Medium, January 5, 2014, https://medium.com/@chrisdesalvo/the-future-that-everyone-forgot-d823af31f7c.

10. Donna Kardos, "Microsoft to Acquire Danger, Maker of Sidekick Technology," *Wall Street Journal*, February 11, 2008,https://www.wsj.com/articles/SB120274323781658967. "internet-connected smartphone" : Ibid.

11. Joshua Topolsky, "What Killed the Kin ？ ," Engadget, June 30, 2010, https:// www.engadget.com/2010/06/30/what-killed-the-kin/.

12. Jay Yarrow, "Meet Andy Lees, the Man in Charge of Saving Microsoft," *Forbes*, May 26, 2010, https://www.forbes.com/sites/velocity/2010/05/26/meet-andy-lees-the-man-in-charge-of-saving-microsoft-read/#2e85454878c8.

13. Chris Ziegler, "Life and Death of Microsoft Kin: The Inside Story," Engad- get, July 2, 2010, https://www.engadget.com/2010/07/02/life-and-death-of-microsoft-kin-the-inside-story/.

14. Ibid.

15. Ibid.

16. Preston Gralla, "Microsoft' s Ballmer Loses Big Bonus over Kin, Phone, Tablet Failures," *Computerworld*, October 1, 2010, https://www.computerworld.com/article/2469355/mobile-apps/microsoft-s-ballmer-loses-big-bonus-over-kin--phone--tablet-failures.html.

17. Ziegler, "Life and Death of Microsoft Kin." edging it out: Derek Thompson, "Why Steve Ballmer Failed," *Atlantic,* August 23, 2013, https://www.theatlantic.com/business/archive/2013/08/why-steve-ballmer-failed/278986/.

18. "Ballmer Laughs at iPhone," YouTube, September 18, 2007, https://www.youtube.com/watch？ v=eywi0h_Y5_U.

19. Derek Thompson, "Why Steve Ballmer Failed."

20. Nicholas Thompson, "Why Steve Ballmer Failed," *The New Yorker*, August 23, 2013, https://www.newyorker.com/business/currency/why-steve-ballmer-failed.

21. Charles Cooper, "Satya Nadella Promises Customers a 'People-Centric IT'," CNET, February 4, 2014, https://www.cnet.com/news/satya-nadella-promises- customers-a-people-entric-it.

22. Matt Weinberger, "Satya Nadella: 'Customer Love' Is a Better Sign of Success Than Revenue or Profit," Business Insider, October 7, 2015, http://www.businessinsider.com/microsoft-ceo-satya-nadella-on-culture-2015-10.

23. Frederick Winslow Taylor, *The Principles of Scientific Management*（New York: Harper & Brothers, 1911）.

24. Sarah O' Connor, "When Your Boss Is an Algorithm," *Financial Times*, September 8, 2016, https://www.ft.com/content/88fdc58e-754f-11e6-b60a-de4532d5ea35.

25. Rita Gunther McGrath, *The End of Competitive Advantage: How to Keep Your Strategy Moving as Fast as Your Business*（Boston: Harvard Business Review Press, 2013）.

26. Simon London, "Microsoft' s Next Act," podcast, April 2018, *McKinsey Quarterly*, https://www.mckinsey.com/industries/high-tech/our-insights/microsofts-next-act.

27. Andrew Nusca, "The Man Who Is Transforming Microsoft," *Fortune*, Novem- ber 11, 2016, http://fortune.com/satya-nadella-microsoft-ceo.

28. Satya Nadella, Greg Shaw, and Jill Tracie Nichols, *Hit Refresh: The Quest to Rediscover Microsoft's Soul and Imagine a Better Future for Everyone*（New York: HarperCollins, 2017）.

29. Carol Dweck, Mindset: *The New Psychology of Success*（New York: Random House, 2007）.

30. Harry McCracken, "Satya Nadella Rewrites Microsoft' s Code," *Fast Company,* September 18, 2017, https://www.fast company.com/40457458/satya-nadella- rewrites-microsofts-code.

31. Nusca, "The Man Who Is Transforming Microsoft."

32. Adam Bryant, "Satya Nadella, Chief of Microsoft, on His New Role," *New York Times,* February 20, 2014, https://www.nytimes.com/2014/02/21/business/satya-nadella-chief-of-microsoft-on-his-new-role.html.

33. Gregg Keizer, "Microsoft' s Enterprise Phone Strategy Flops as Rev-enue Evaporates," *Computerworld*, May 1, 2017, https://www.computerworld.com/article/3193644/microsofts-enterprise-phone-strategy-flops-as-revenue-evaporates.html.

34. Bryant, "Satya Nadella."

35. McCracken, "Satya Nadella Rewrites Microsoft' s Code," https://www.fast-company.com/40457458/satya-nadella-rewrites-microsofts-code.

36. Ibid.

37. Ibid.

38. Ibid.

39. Nick Wingfield, "A $7 Billion Charge at Microsoft Leads to Its Largest Loss Ever," *New York Times*, July 21, 2015,

40. https://www.nytimes.com/2015/07/22/technology/microsoft-earnings-q4.html.

41. Liam Tung, "Ballmer: I May Have Called Linux a Cancer but Now I Love It," ZDNet, March 11, 2016, https://www.zdnet.com/article/ballmer-i-may-have- called-linux-a-cancer-but-now-i-love-it/.

42. McCracken, "Satya Nadella Rewrites Microsoft' s Code."

43. McGrath, *The End of Competitive Advantage*.

第七章　创新能力如何削弱组织的抗体

1. Peter Drucker, *Innovation and Entrepreneurship*（New York: Harper & Row, 1985）.

2. OECD Steel Committee, "Presentation for the Council Working Party on Shipbuilding," July 9, 2009, https://www.oecd.org/sti/ind/43312347.pdf.

3. "Klöckner & Co SE," Boersengefluester, July 8, 2013, https://boersenge- fluester.de/newarticle/？ newsId=13529.

4. World Economic Forum, "Fostering Innovation-Driven Entrepre-neurship: A Global Perspective"（private session, Dalian, China, September 11, 2013）, http://www3.weforum.org/docs/AMNC13/WEF_AMNC13_FosteringInnovationDrivenEntrepreneurship_SessionSummary.pdf.

5. Sangeet Paul Choudary, "The Billion Dollar Startup Disruption," Medium, May 30, 2013, https://medium.com/@sanguit/the-billion-dollar-startup-disruption-67d82e91281f.

6. Gisbert Rühl, "From Steel Distributor to Digital Industry Platform," YouTube, December 10, 2015, https://www.youtube.com/watch？ v=RJrKjxsze0s.

7. "It Will Revolutionize the Entire Industry," Vodafone Institute, n.d., https://www.vodafone-institut.de/event/will-revolutionize-entire-industry.

8. Gisbert Rühl, "Disrupting the Steel Industry Through Platforms," SlidesLive, May 8, 2018, https://slideslive.com/38907723/disrupting-the-steel-industry-through-platforms.

9. Gisbert Rühl, "We Want to Revolutionise the Indus-try," interview by Hansjörg Honegger, Swisscom, October 16, 2017, https://www.swisscom.ch/en/business/enterprise/themen/digital-business/digitalisierung-im-stahlhandel.html.

10. Eric Ries, *The Lean Startup: How Today's Entrepreneurs Use Con-tinuous Innovation to Create Radically.*

11. (New York: Crown Business, 2011) .

12. Alex Moazed, "Why GE Digital Failed," *Inc.*, January 8, 2018, https:// www.inc.com/alex-moazed/why-ge-digital-didnt-make-it-big.html.

13. Klöckner & Co., "Annual General Meeting 2017" (presentation, Düss-eldorf, May 12, 2017) , https://www.kloeckner.com/dam/kco/files/en/investors/annua- general-meeting/2017/Kloeckner_Co_presentation_AGM2017.pdf.

14. Klöckner & Co., "Leading the Digital Transformation of Metal Distribution" (presentation, December 2017) , https://www.kloeckner-i.com/wp-content/uploads/2017/12/Kloeckner_Co_Digitalization_December-2017.pdf.

15. Rühl, "We Want to Revolutionise the Industry."

16. Martin Wocher, "A Metal Marketplace," *Handelsblatt Today*, July 11, 2017, https://global.handelsblatt.com/companies/a-metal-marketplace-795869.

17. Scott D. Anthony, Clark G. Gilbert, and Mark W. Johnson, *Dual Transformation: How to Reposition Today's Business While Creating the Future* (Cambridge: Harvard Business Review Press, 2017) .

18. Steve Blank and Bob Dorf, The Startup Owner' s Manual: *The Step-by-Step Guide for Building a Great Company* (Pescadero, CA: K & S Ranch, 2012) .

19. Alexander Osterwalder and Yves Pigneur, *Business Model Generation* (Hoboken, NJ: John Wiley & Sons, 2010) .

20. Zenas Block and Ian C. MacMillan, *Corporate Venturing: Creating New Businesses Within the Firm* (Boston: Harvard Business School Press, 1993) .

21. Scott D. Anthony, *The Little Black Book of Innovation: How It Works, How to Do It* (Boston: Harvard Business Review Press, 2011) ; Clayton M. Christensen, Scott D. Anthony, and Erik A. Roth, *Seeing What's Next: Using the Theories of Innovation to Predict Industry Change* (Boston: Harvard Business School Press, 2004) ; Clayton Christensen, David S. Duncan, and Taddy *Hall, Competing Against Luck: The Story of Innovation and Customer Choice* (New York: Harper Business, 2016) .

22. Cindy Alvarez, *Lean Customer Development: Build Products Your Customers Will Buy,* The Lean Series, ed. Eric Ries (Sebastopol, CA: O' Reilly Media, 2014) .

23. Curtis Carlson, interview with author, January 10, 2019.

24. Rita Gunther McGrath and Ian C. MacMillan, *The Entrepreneurial Mindset: Strategies for Continuously Creating Opportunity in an Age of Uncertainty* (Boston: Harvard Business School Press, 2000) .

25. Rita Gunther McGrath, Alexander B. van Putten, and Ron Pierantozzi, "Does Wall Street Buy Your Growth Story? For How Long? ," *Strategy & Leadership* 46, no. 2 (2108) : 3–10.

26. Rita Gunther McGrath and Ian C. MacMillan, *Discovery-Driven Growth: A Breakthrough Process to Reduce Risk and Seize Opportunity* (Boston: Harvard Business Review Press, 2009) .

27. Nancy Tennant Snyder, *Unleashing Innovation: How Whirlpool Transformed an Industry*, ed. D. L. Duarte（San Francisco: Jossey-Bass, 2008）.
28. McGrath and MacMillan, *Discovery-Driven Growth.*
29. Meg Godlewski, "How Skunk Works Got Its Name," *General Aviation News*, November 4, 2005, https://generalaviationnews.com/2005/11/04/how-skunk-works-got-its-name.
30. Tracy Kidder, *The Soul of a New Machine*（Thorndike, ME: Thorn-dike Press, 1981）.
31. Steve Blank, "Why Corporate Skunk Works Need to Die," Forbes, November 10, 2014, https://www.forbes.com/sites/steveblank/2014/11/10/why-corporate-skunk-works-need-to-die/#498e6ea83792.
32. Steven G. Blank, *The Four Steps to the Epiphany: Successful Stra-tegies for Products That Win*（Foster City, CA: Cafepress.com, 2006）.
33. William Lazonick, "Profits Without Prosperity," *Harvard Business Rev- iew*, September 2014.

第八章 领导如何并且必须学会寻找拐点

1. Thomas Kolditz, email communication with author, December 29, 2018.
2. Sally Helgesen, *The Female Advantage: Women's Ways of Leadership*, 1st ed.（New York: Doubleday, 1990）; Henry Mintzberg, *The Nature of Managerial Work*（New York: Harper & Row, 1973）.
3. Helgesen, *The Female Advantage.*
4. Gail Goodman, "Founders Can't Scale: Gail Goodman at TEDx-BeaconStreet," YouTube, December 6, 2013, https://www.youtube.com/watch?v=0NzBgfyRbho. Unless otherwise noted, all the quotes from Goodman in this section are from this talk or from Gail Goodman, "How to Negotiate the Long, Slow, SaaS Ramp of Death"（address, Business of Software USA 2012）, blog post by Mark T.Littlewood, February 26, 2013, https://businessofsoftware.org/2013/02/gail-goodman-constant-contact-how-to-negotiate-the-long-slow-saas-ramp-of-death/.
5. Gail Goodman, interview with author, September 13, 2018.
6. Ibid.
7. Patrick Lencioni, *The Advantage*（San Francisco: Jossey-Bass, 2012）.
8. Ibid.
9. L. J. Bourgeois and David R. Brodwin, "Strategic Implementation: Five Approaches to an Elusive Phenomenon," *Strategic Management Journal* 5, no. 3（1984）: 241–64.
10. "Everything We Do Starts by Blending the Sciences with the Humani-ties, the Robots with the Pencils," Robots & Pencils, n.d., http://www.robotsandpencils.com/#expertise.
11. Ibid.
12. Ibid.
13. Andrew Ross Sorkin, "World's Biggest Investor Tells C.E.O.s Purpose Is the 'Animating Force' for Profits," *New York Times,* January 27, 2019, https://www.nytimes.com/2019/01/17/business/dealbook/blackrock-larry-fink-letter.html.
14. Steve Denning, "Resisting the Lure of Short-Termism: Kill 'the World's Dumbest

Idea' ," *Forbes*, January 8, 2017, https://www.forbes.com/sites/stevedenning/2017/01/08/resisting-the-lure-of-short-termism-how-to-achieve-long-term-growth/#6e5f03931ca0.

15. Martin Wolf, "The Long and Painful Journey to World Disorder," *Financial Times*, January 5, 2017, https://www.ft.com/content/ef13e61a-ccec-11e6-b8ce-b9c03770f8b1.

16. William Lazonick, "Profits Without Prosperity," *Harvard Business Review*, September 2014.

17. "BlackRock Investment Stewardship' s Approach to Engagement on Human Capital Management," BlackRock, March 2018, https://www.blackrock.com/corporate/literature/publication/blk-commentary-engagement-on-human-capital-march2018.pdf.

18. Andrew S. Grove, "Navigating Strategic Inflection Points," *Business Strategy Review* 8, no. 3（1997）: 11–18.

19. See, for example, Ram Charan, "Conquering a Culture of Indecision," *Harvard Business Review*, April 2001; Don Sull, *The Upside of Turbulence: Seizing Opportunity in an Uncertain World*（New York: Harper Business, 2009）; and Nassim Nicholas Taleb, *Antifragile Things That Gain from Disorder*（New York: Random House, 2012）.

20. Taleb, *Antifragile Things.*

21. Stanley McChrystal, with Tantum Collins, David Silverman, and Chris Fussell, *Team of Teams: New Rules of Engagement for a Complex World*（New York: Portfolio/Penguin, 2015）.

22. Adam Pisoni, "What Startups Can Learn from General McChrystal About Combining Strategy and Execution," First Round Review, n.d., http://firstround.com/review/what-startups-can-learn-from-general-mcchrystal-about-combining-strategy-and-execution/.

23. Columbia Entrepreneurship, "@sgblank, @rgmcgrath, & @HarperCollins on Corp Innovation: Refactoring the Crazies," YouTube, January 23, 2017, https://www.youtube.com/watch?v=i2bvNB5G_eQ&feature=youtu.be.

24. Bryce G. Hoffman, *American Icon: Alan Mulally and the Fight to Save Ford Motor Company*（New York: Crown, 2012）.

25. Dinah Eng, "How Maxine Clark Built Build-A-Bear," *Fortune,* March 16, 2012, http://archive.fortune.com/2012/03/16/smallbusiness/build-bear-maxine-clark.fortune/index.htm.

26. Veneta Rizvic, "Life in Balance: Sharon Price John Solves Work Challenges by Running," *St. Louis Business Journal*, October 26, 2018, https://www.bizjournals.com/stlouis/news/2018/10/26/life-in-balance-sharon-price-john-solves-work.html.

27. Phil Rosenzweig, The Halo Effect...and the Eight Other Business Delusions That Deceive Managers（New York: Free Press, 2007）; Annie Duke, *Thinking in Bets: Making Smarter Decisions When You Don't Have All the Facts*（New York: Portfolio/Penguin, 2018）.

28. leaders: Ben Horowitz, *The Hard Thing About Hard Things: Building a Business When There Are No Easy Answers*（New York: Harper Business, 2014）.

29. Thomas Kolditz, *In Extremis Leadership: Leading as Though Your Life Depended on It*（New York: John Wiley and Sons, 2007）.

30. Jena McGregor, "The Extreme Leadership That Got the Thai Soccer Boys out of the Cave

Alive," *Washington Post*, July 10, 2018, https://www.washingtonpost.com/news/on-leadership/wp/2018/07/10/the-extreme-leadership-that-got-the-thai-soccer-boys-out-of-the-cave/? utm_term=.930a16f8d991.

31. Kolditz, *In Extremis Leadership. "I've got your back"* : Justin Bariso, "Microsoft' s CEO Sent an Extraordinary Email to Employees After They Committed an Epic Fail," *Inc.*, February 23, 2017, https://www.inc.com/justin-bariso/microsofts-ceo-sent-an-extraordinary-email-to-employees-after-they-committed-an-.html.
32. Kolditz, email communication with author.

第九章　环顾生命中的每个角落

1. Eric C. Sinoway, *Howard's Gift: Uncommon Wisdom to Inspire Your Life's Wor*k（New York: St. Martin' s Press, 2012）.
2. "Our Story," Parliament, n.d., https://www.parliamentinc.com/conspire/.
3. "Guaranteeing Measurable Results in Leader-ship Development on a Global Scale," Marshal Goldsmith Stakeholder Centered Coaching, n.d., https://sccoaching.com/.
4. David Gelles, "Living as an Example of 'Leading by Example,'" *New York Times*, January 6, 2019.
5. Reid Hoffman, Ben Casnocha, and Chris Yeh, "Tours of Duty," *Harvard Business Review*, June 2013.
6. David Egan, "Here Is What It Takes to Become a CEO, According to 12 000 LinkedIn Profiles," *Talent Blog*, LinkedIn, https://business.linkedin.com/talent-solutions/blog/trends-and-research/2018/what-12000-ceos-have-in-common.
7. Neil Irwin, "A Winding Path to the Top," *New York Times*, September 10, 2016.
8. Ryan McManus, interview with author, December 6, 2018. All the quotes from McManus in this section are from this interview.
9. Paula Davis-Laack, "I Used Design Thinking to Reinvent My Career: Here' s Why It Worked," *Fast Company*, October 16, 2017, https://www.fastcompany.com/ 40481175/i-used-design-thinking-to-reinvent-my-career-heres-why-it-worked.
10. Harry McCracken, "How Microsoft' s Satya Nadella Became a Netflix Insider," *Fast Company*, September 18, 2017,
11. https://www.fastcompany.com/40469252/how-microsofts-satya-nadella-became-a-netflix-insider.
12. Clayton Christensen, "How Will You Measure Your Life ？" TedxBoston, 2012, https://tedxboston.org/speaker/christensen-1.
13. Drake Baer, "Clayton Christensen' s Personal Quest to Help You Measure Your Life," *Fast Company*, May 18, 2012, https://www.fastcompany.com/1837732/clayton-christensens-personal-quest-help-you-measure-your-life.
14. Matthew Brodsky, "Alum 'AMP' ed' to Support Education," *Wharton Magazine*, October 6, 2015, http://whartonmagazine.com/blogs/alum-amped-to-support-education/#sthash.fWUNKSXY.dpbs.

致 谢

1. Morgan Housel, "When You Change the World and No One Notices," Collaborative Fund, September 3, 2016, http://www.collaborativefund.com/blog/when-you-change-the-world-and-no-one-notices/.